A LA MÊME LIBRAIRIE.

De la participation des particuliers à la poursuite des crimes et des délits, étude d'histoire et de législation comparée, par **Paul NOURRISSON**, docteur en droit, avocat à la Cour d'appel, 1894, 1 vol. in-8° .... 6 fr. »

(Ouvrage couronné par l'Académie des sciences morales et politiques, concours pour le prix du budget de 1893.)

Manuel des magistrats du parquet et des officiers de police judiciaire, suivi d'un Code de citation et d'audience et renfermant toutes les formules usuelles, par **G. VALLET**, *docteur en droit, substitut du procureur de la République à Saint-Étienne*, **Em. MONTAGNON**, *docteur en droit, substitut du procureur de la République à Valence*. 1890, 2 forts vol. in-8°.. 20 fr. »

Manuel théorique et pratique du juge d'instruction, accompagné d'un formulaire complet et suivi d'une table générale des matières; d'une table méthodique et sommaire; d'une table des articles du Code d'instruction criminelle et des textes divers; d'une table générale des formules; d'un index alphabétique des principales matières traitées, par **Pierre SARRAUTE**, *juge au tribunal civil de Périgueux*. 1890, 1 vol. in-8°. 10 fr. »

De la compétence des tribunaux français à l'égard des étrangers en matière civile et commerciale, d'après la jurisprudence française, avec le texte des principaux arrêts et jugements, par **C. LACHAU**, *avocat à la Cour de Paris*. 1893, 1 vol. in-8°.......................... 10 fr. »

Jeu et pari au point de vue civil, pénal et réglementaire, loteries et valeurs à lots, jeux de bourse, marchés à terme, par **G. FRÈREJOUAN DU SAINT**, *ancien magistrat, docteur en droit, avocat à la Cour de Paris*. 1893, 1 vol. in-8°.. 8 fr. »

(Ouvrage couronné par l'Académie de législation.)

Histoire des tribunaux de l'Inquisition en France, par **L. TANON**, *président à la Cour de cassation*. 1893, 1 vol. in-8°............ 12 fr. »

La transportation pénale et la relégation d'après les lois des 30 mai 1854 et 27 mai 1885, étude historique, juridique et critique, accompagnée d'un long aperçu sur le régime des forçats et des relégués dans nos possessions d'outre-mer, par **Edouard TEISSEIRE**, *avocat, docteur en droit*. 1893, 1 vol. in-8°.. 10 fr. »

Cour de cassation. — Origines, organisation, attributions du pourvoi en cassation en matière civile, par **T. CRÉPON**, *conseiller à la Cour de cassation*. 1892, 3 forts vol. in-8°............ 30 fr. »

Traité de l'appel en matière civile, par **T. CRÉPON**. 1888, 2 vol. in-8°.. 16 fr. »

De la chose jugée en matière civile, criminelle, disciplinaire et administrative, par **P. LACOSTE**, *professeur à la Faculté de droit d'Aix*. 1894, 1 vol. in-8°.. 10 fr. »

BAR-LE-DUC, IMPRIMERIE CONTANT-LAGUERRE.

L'ANARCHIE

ET

LA RÉPRESSION

OUVRAGES DU MÊME AUTEUR.

Traité théorique et pratique du droit pénal français. Paris, L. Larose, 1894, 5 vol. in-8°........................ **50** »

(Ouvrage couronné par l'Académie des sciences morales et politiques.)

Précis de droit criminel. 5e éd., Paris, L. Larose, 1895, 1 vol. in-8°... **10** »

Des liquidations judiciaires, de leur pratique et de leur légalité. Paris, L. Larose et Forcel, 1882, in-8°........ **1** »

La relégation et l'interdiction de séjour, explication de la loi du 27 mai 1885. Paris, L. Larose et Forcel, 1 brochure in-8°.. **2** »

La loi des 5-18 juin 1875 sur le régime des prisons départementales. Paris, Cotillon, 1877, in-8°............ **1 50**

Examen du budget français. Lyon, Mougin-Rusand, 1878, in-8°... **2** »

De la déconfiture et des améliorations dont la législation sur cette matière est susceptible. Paris, Marescq aîné, 1880, in-8°................................ **4** »

Des attentats à la pudeur et des viols sur les enfants (*Législation. Statistique*). Paris et Lyon, A. Storck, 1886, in-8°. **1 25**

Le problème moderne de la pénalité. Paris, L. Larose et Forcel, 1888, in-8°................................ **1** »

L'ANARCHIE

ET

LA RÉPRESSION

PAR

R. GARRAUD

AVOCAT A LA COUR D'APPEL

PROFESSEUR DE DROIT CRIMINEL A LA FACULTÉ DE DROIT DE LYON

PARIS

LIBRAIRIE

DU RECUEIL GÉNÉRAL DES LOIS ET DES ARRÊTS

ET DU JOURNAL DU PALAIS

L. LAROSE, ÉDITEUR

22, RUE SOUFFLOT, 22

1895

IMPRIMERIE
CONTANT-LAGUERRE
BAR-LE-DUC

L'ANARCHIE ET LA RÉPRESSION.

§ I. — LE SOCIALISME ET L'ANARCHIE[1].

1. Du double péril socialiste et anarchiste. — 2. Du point de départ commun de ces deux doctrines. En quoi elles diffèrent. — 3. Ces doctrines, bien que socialement dangereuses, ne peuvent être comprimées. Liberté de les exprimer et de les propager. — 4. Les *doctrines* et les *actes*. Différence, à ce point de vue, entre la propagande anarchiste et la propagande socialiste.

1. Les sociétés, comme les individus, ont un instinct très sûr de conservation, qui les porte à s'unir et à serrer les rangs, quand elles se sentent menacées par un commun péril. Elles oublient alors ce qui les sépare et comprennent que la chose essentielle n'est pas de faire ressortir leur tempérament original et leur caractère propre, mais de vivre. Les nations modernes, qui se sont constituées sur le fonds commun d'une civilisation conquise au prix de tant d'efforts, ont, aujourd'hui, à la défendre contre un double péril : le *socialisme* et l'*anarchisme*.

2. Il s'agit bien, au fond, de deux aspects d'une même maladie sociale, de deux chancres poussés sur la grande hérésie

§ I.[1] BIBLIOGRAPHIE : Félix DUBOIS, *Le péril anarchiste*, 1894; Paul DESJARDINS, *L'idée anarchiste* (*Rev. polit. et littéraire*, n° 23 déc. 1893); LOMBROSO, *Gli anarchici*, Turin, 1894; *id.*, *Nihilismo ed anarchia*, Turin, 1894; J. GARIN, *L'anarchie et les anarchistes*, 1885; LAVELEYE, *Le socialisme contemporain*, 6e édit., 1891; Paul LEROY-BEAULIEU, *Le collectivisme*, 1re édit. de 1881; Jean THOREL, *Les pères de l'anarchisme*, *Bakounine*, *Stirner*, *Nietzsche* (*Rev. pol. et lit.*, n° 15 avril 1893); Dr BOURNET, *Autour de l'affaire Caserio* (*Archiv. d'anthropologie criminelle*, 1895, p. 43). Cf. également *L'anarchici e gli anarchici*, in-8°, Milan, 1894 (L'auteur, un haut fonctionnaire paraît-il, étudie tout ce qui concerne les mouvements sociaux du siècle. Mais il s'occupe particulièrement des anarchistes italiens).

révolutionnaire du *contrat social*[2]. L'origine conventionnelle de la société laisse, en effet, le champ ouvert à toutes les utopies. Sans doute, il ne serait ni juste ni vrai de confondre, et d'envelopper dans la même réprobation, les socialistes et les anarchistes : ces frères ennemis diffèrent autant par leurs conceptions de l'ordre ou du désordre social que par leurs procédés de discussion et leurs moyens de propagande[3]. Mais les uns et les autres se rencontrent au point de départ de leur rêve : pour tous, socialistes et anarchistes, les sociétés humaines ne reposent sur aucun principe fixe; *il n'y a pas de lois sociales naturelles,* et les formes, comme les conditions des sociétés, peuvent être brusquement modifiées au gré des volontés changeantes et capricieuses de la foule.

Les anarchistes voient, dans un retour à l'état de nature, la condition préliminaire de leur idéal de fraternité et de justice. L'auteur du *contrat social* apercevait sa chimère au point de départ, les anarchistes l'entrevoient au point d'arrivée de l'humanité. La révolution sociale, qu'ils attendent et qu'ils appellent, ne doit avoir pour objet que de créer ou de retrouver un milieu dans lequel l'individu ne relèverait que de lui-même, ou

[2] M. LE GALL, avocat général à Toulouse, dans son discours de rentrée, de 1894 : *La doctrine individualiste et l'unarchie devant la science et la justice,* a très exactement exposé « le réquisitoire que dresse l'individualisme contre la société », lequel, avec « un simplisme effrayant », peut, si on le dépouille de ses formules sonores autant que creuses, se résumer en ces trois affirmations : 1° l'affirmation de la liberté individuelle; 2° pour la justifier, l'affirmation de la bonté de la nature humaine; et 3° en guise de conclusion, l'*affirmation d'un accord social, résultat de la collaboration spontanée des énergies libres.* C'est à ce point de vue que les doctrines socialistes prennent contact avec les doctrines anarchistes.

[3] Enrico FERRI a répété, au Parlement italien, ce qui a été dit au Parlement français : à savoir qu' « il existe une séparation profonde et incontestable entre les méthodes de propagande anarchiste et celles de propagande socialiste..., que le socialisme se sépare absolument de l'anarchisme ». Séance de la Chambre des députés d'Italie du 7 juillet 1894. Cependant, il est un trait particulier au mouvement italien, c'est que, dans la littérature tout au moins, il y a fusion intime entre la doctrine socialiste et la doctrine anarchiste. En France, au contraire, la séparation est complète, au moins à ce point de vue.

sa volonté régnerait sans limites et n'étant pas entravée par celle du voisin s'épanouirait dans le sens le plus complètement libertaire. *Fais ce que veux; tout est à tous,* tel serait le double idéal de cette utopie. Pas de chefs et pas de soldats; chacun vivrait à sa guise, sans lois, sans obligation sociale quelconque, sans patrie, sans magistrat, sans famille, *more ferarum*. L'homme redeviendrait ainsi cet être de raison, que Rousseau avait inventé, le sauvage heureux et libre des origines. La négation de toute autorité, l'anéantissement de l'État, voilà donc, pour les anarchistes, le premier article de leur programme[1].

Les socialistes, au contraire, loin de songer à supprimer l'autorité, en multiplient et en exagèrent les fonctions. Si le nouvel évangile venait à triompher, l'ingérence de l'État, dans les relations sociales, n'aurait pas seulement pour objet la production de la sécurité, la fidélité aux engagements librement pris; elle se proposerait, avant tout, de rectifier ou de corriger les inégalités sociales, de modifier le cours naturel des choses, de substituer aux contrats librement consentis et débattus des types officiels de contrats. La réalisation du rêve socialiste impliquerait ainsi l'absorption absolue des forces, des ressources et des énergies individuelles par l'État, ou par des groupes sociaux qui serviraient d'intermédiaires entre l'individu et la société.

Anarchie signifie donc absence, privation et, par extension,

[1] « Anarchie veut dire négation de l'autorité. Or, l'autorité prétend légitimer son existence sur la nécessité de défendre les institutions sociales : Famille, Religion, Propriété, etc., et elle a créé une foule de rouages, pour assurer son exercice et sa sanction : la Loi, la Magistrature, l'Armée, le Pouvoir législatif, exécutif, etc. Les anarchistes doivent donc attaquer toutes les institutions dont le Pouvoir s'est créé le défenseur, et dont il cherche à démontrer la nécessité pour légitimer sa propre existence », dit Jean GRAVE, à la première page de la *Société mourante et l'anarchie*. C'est dans cet ouvrage, que sont énumérés les moyens d'attaque dont doit user l'anarchisme contre les satellites de l'autorité. Le paradis que sera la société future n'est guère révélé que dans deux ouvrages : la *Conquête du pain* de Kropotkine et la *Société au lendemain de la Révolution* de Jean GRAVE. Ces deux brochures nous renseignent sur l'avenir que réserve à l'humanité, sous la forme du *communisme*, la mise en application des théories anarchistes.

diminution du gouvernement, et c'est, en un certain sens, l'opposé du *socialisme*[5], synonyme de réglementation extrême dans un sens égalitaire et niveleur. Mais, après la destruction de l'État, dont l'existence est contraire à la loi naturelle, les individus, dans le système anarchiste, se grouperaient en sociétés libres, suivant leurs affinités et leurs besoins. Les fruits du travail seraient communs, et leur répartition se ferait suivant la règle : *à chacun selon ses œuvres.* De sorte que, par une étrange contradiction, l'anarchie, sans lois et sans direction, revient au *communisme,* qui ne peut exister sans la *tyrannie.* L'anarchisme actuel est donc une *anarchisme socialiste,* avec une propriété collective entre les mains de groupes libres, c'est l'*amorphisme,* la société sans forme et sans organisme, quelque chose d'insaisissable comme serait un corps sans vertèbres.

3. Ces doctrines ne constituent pas des nouveautés : on les retrouve, sous des formes tantôt insidieuses et tantôt brutales, à toutes les époques de l'histoire. Les socialistes et les anarchistes n'ont fait que reprendre pour leur propre compte les rêveries « qui ont formé, de tous temps, l'héritage indestructible de la folie humaine[6] ». Mais, jamais, la lutte entreprise, en leur nom, contre les bases de l'ordre social n'a revêtu un caractère plus universel et plus dangereux. Ce ne sont pas seulement les conséquences des principes qui ont dominé pendant des siècles, ce sont ces principes eux-mêmes que l'on appelle à la barre d'une discussion quotidienne. « On ne se demande pas si les riches font bon ou mauvais usage de leurs richesses, on se demande s'il doit y avoir encore des riches. On ne se demande pas s'il faut être soldat pendant un an, deux ans ou cinq ans, on se demande si on doit être soldat et si ce qu'on appelle la patrie n'est pas une légende et une duperie ». Et cependant,

[5] Le mot *socialisme* est une expression générale convenant à toutes les doctrines qui annihilent ou affaiblissent les droits de l'individu au profit de l'État ou de la Société. Il est dû à Pierre Leroux; Louis Reybaud l'a vulgarisé. Le socialisme revêt diverses formes : communisme, collectivisme, socialisme d'État ou étatisme, etc.

[6] Challemel-Lacour, Discours au Sénat, dans la séance de rentrée de la première session ordinaire de 1895.

qu'elle le veuille ou non, toute société est désormais condamnée à laisser discuter ses principes et à respecter les convictions ou les illusions même de ses ennemis. Le temps n'est plus où chaque groupe social se croyait seul en possession de la vérité et prétendait l'imposer par la force. Aujourd'hui, il doit être loisible de prêcher et de propager l'athéisme, le communisme, le collectivisme, l'anarchisme, l'internationalisme. Ces opinions peuvent être absurdes; elle sont, à coup sûr, dangereuses : mais, en tant qu'opinions, elle sont licites.

La *responsabilité philosophique* de celui qui exprime une doctrine ne peut se transformer en *responsabilité pénale.* Les droits de la pensée humaine sont supérieurs aux nécessités de la préservation sociale, parce que le choc et la lutte des opinions sont les conditions mêmes du progrès. Les sociétés ont renoncé successivement à sauvegarder, par des sanctions répressives, les dogmes scientifiques, philosophiques et religieux : elles ont effacé de leurs Codes le crime d'*hérésie;* elles ne sauraient avoir la prétention d'employer la contrainte pénale à la défense des dogmes politiques et même sociaux. Les conditions de l'existence des sociétés doivent être livrées aux discussions, comme les conditions mêmes de l'existence morale de l'homme. Sans doute, la tendance de l'idée, bonne ou mauvaise, est de se réaliser dans les faits; car l'idée est une force, la plus énergique de toutes les forces. Mais l'idée est incompressible; elle se joue de tous les obstacles; nul ne saurait rêver de lui imposer l'obéissance ou même le silence; nul, si puissant qu'il soit, ne saurait arrêter l'expression et l'expansion d'une opinion en traitant comme un malfaiteur celui qui cherche à la répandre et à la faire partager. A des opinions et des doctrines, on ne répond pas par des brutalités; on ne remet pas en vigueur les lois sur l'hérésie; et en vain frapperait-on les socialistes et les anarchistes, à raison de leurs opinions, le socialisme et l'anarchie n'en seraient pas atteints. L'histoire est pleine de ces luttes impuissantes contre la pensée, et ce n'est pas à la fin du XIXe siècle qu'on pourrait songer à en renouveler l'expérience.

Ayons confiance, pour nous débarrasser de ces chimères, dans le pouvoir de la vérité, du raisonnement et du bon sens. Espérons que le progrès incessant de la fortune publique et privée ajoutera à la force de résistance de nos vieilles sociétés et, ce qui vaut mieux, désarmera bien des hostilités par une diffusion plus générale et plus égale du bien-être. Au fond, en effet, chez les anarchistes comme chez les socialistes, c'est le même rêve exaspéré de fraternité et de justice, le même éternel besoin de bonheur, la même soif d'égalité, et toutes les mesures, matérielles ou morales, qui donneront satisfaction à ce qu'il y a de profondément légitime dans ces aspirations, feront plus pour en arrêter le développement morbide que l'amende et que la prison.

4. Mais à côté des *doctrines,* que je considère comme intangibles, il y a les *actes,* seuls saisissables, seuls compressibles. On a dit, avec autant de vérité que d'esprit, que les anarchistes étaient des « socialistes pressés ». C'est qu'en effet si les uns et les autres tendent à la destruction de l'état de choses actuel, les premiers ne comptent guère, pour l'obtenir, sur l'influence lente et continue des idées. Et c'est surtout au point de vue des voies et moyens, que les socialistes et les anarchistes se séparent. Ces derniers, en préconisant des procédés par eux-mêmes délictueux et en faisant brusquement et individuellement usage de ces procédés, sont volontairement entrés dans la sphère d'action de la loi répressive et ont pris contact avec les gendarmes et les juges. Aussi, les divers États, tout en respectant, dans une mesure plus ou moins large, la liberté des opinions, ont compris qu'ils avaient le droit de se défendre contre tout *acte* ayant pour but d'assurer, par la violence, le triomphe de ces doctrines, et le devoir d'arrêter, dans la mise en œuvre, ces affolés de rénovation sociale, « qui font le grand rêve noir de tout purifier par la flamme des incendies[7] ».

[7] ZOLA, *Lourdes*, p. 596.

§ II. — L'ACTE ANARCHISTE.

5. Différences entre les procédés des révolutionnaires et ceux des anarchistes. L'acte anarchiste s'attaque soit à la vie humaine, soit à la propriété. — 6. Les socialistes, partisans de la reprise des instruments de travail ou des produits du travail, se proposent de la réaliser, soit par les moyens légaux, soit par les moyens révolutionnaires. Des deux écoles socialistes. Les politiques. Les révolutionnaires. Tout autre est le péril anarchiste. Il s'agit d'une mise en application directe des doctrines par la reprise individuelle. Les restitutionnaires. — 7. De la propagande par le fait. — 8. De l'appui que trouve cette propagande parmi les intellectuels. De la littérature anarchiste. — 9. Double observation. — 10. Les crimes anarchistes sont des crimes sociaux et non des crimes politiques. — 11. Conséquence de ce caractère au point de vue de l'extradition. — 12. Les théories anarchistes ont un caractère international. De la nécessité de mesures internationales.

5. Les révolutionnaires n'avaient fait appel, jusqu'à ces dernières années, qu'à la force collective : ils tendaient au renversement de l'ordre social par voie de complot, de sédition, de révolution. Aussi tous les Codes prévoyaient et réprimaient cette forme de violence. Les anarchistes ont d'autres procédés : ce sont des individualistes ; ils agissent seuls et substituent l'attaque individuelle contre l'ordre établi à l'attaque collective. Ce n'est pas qu'ils soient des solitaires ; il n'y a pas, dans nos sociétés, d'isolés. Mais, après avoir puisé leurs idées et fortifié leurs espérances dans le même milieu, après des associations ou plutôt des ententes criminelles qui se forment par une communauté de sentiment et de but, ils réalisent, presque toujours, seuls l'attentat qu'ils ont projeté.

L'*acte anarchiste* a essentiellement pour objet d'ébranler l'une des deux bases de la civilisation moderne, le respect de la propriété individuelle et celui de la vie humaine.

6. Depuis le jour où Proudhon, que Kropotkine appelle « le père immortel de l'anarchie », a lancé, comme une bombe, dans le monde civilisé, son fameux cri de guerre : *La propriété c'est le vol,* toutes les écoles socialistes ont proclamé le droit de reprise de la collectivité des travailleurs, soit sur les instruments, soit sur les produits du travail. Mais, jusqu'à ces derniers temps, les socialistes ne comptaient la réaliser que par les *moyens légaux* ou les *moyens révolutionnaires*. A ce point de vue, par conséquent, ils se sont, depuis longtemps, séparés en deux groupes.

Le plus grand nombre a foi dans l'action de la loi et marche à la conquête du pouvoir politique, qui lui permettra de réformer la société actuelle. Ce sont les *socialistes de gouvernement* qui ont adopté cette tactique : ils forment, dans presque tous les pays, un parti puissant avec lequel il faut compter et contre lequel il faut lutter[1]. Si la société moderne pactise avec ces adversaires, comme elle y semble disposée, c'en est fait de la civilisation. Nous croyons avoir conquis pour toujours la liberté : jamais elle ne fut plus menacée. Il est vrai que seuls les ouvriers des villes paraissent, jusqu'ici, séduits par les doctrines communistes et collectivistes; la propagande socialiste n'a pas encore entamé le bon sens robuste de cette population rurale, qui compte, en France, entre 17 et 18 millions d'âmes et qui constitue, à elle seule, la moitié de la nation. Mais les efforts qui se font de ce côté réclament notre vigilance et notre action persévérantes. Il faut que chacun de nous s'efforce de faire comprendre qu'il s'agit de prendre sa terre au propriétaire du sol, son cheval et son matériel agricole au fermier, aussi bien que d'exproprier, sans indemnité, les mines, les bois, les chemins de fer, etc., et que le résultat du mouvement qui se prépare sera de réduire tous les dépossédés à attendre leur subsistance d'un pouvoir anonyme et inconnu. Quand tous seront convaincus que la « socialisation de la propriété capitaliste » n'est autre chose que la confiscation des millions de parcelles foncières réparties, aujourd'hui, entre des millions de propriétaires, nous ne redouterons plus de voir les sectes antisociales conquérir à leur doctrine le suffrage universel, appliquer leurs théories sur l'abolition de la propriété privée, la mise aux mains de l'État de tous les instruments de travail et de tous les ressorts de l'existence nationale, au moyen de l'établissement de la centralisation la plus oppressive. Non, croire

§ II. [1] On ne saurait assez énergiquement regretter l'alliance de gens qui se disent libéraux avec les socialistes qui veulent détruire la propriété individuelle, l'industrie individuelle, et livrer l'homme tout entier à la tyrannique et abrutissante domination de l'État.

à l'avènement du socialisme, ce serait croire à la défaite de la raison et du bon sens. Le péril n'est pas que le socialisme triomphe, mais qu'il fasse voter une série de lois artificielles, qui jetteront la plus profonde perturbation dans la production et la circulation des richesses et plongeront la société dans une crise formidable. Voilà où est le danger; et ce n'est pas trop de toutes les bonnes volontés pour le conjurer.

Mais il y a, parmi les socialistes, des impatients : ceux-ci, plus actifs mais heureusement moins nombreux, pensent que la refonte d'une société ne peut s'opérer sans douleur; ils font appel à la force et mettent leur espoir dans les moyens collectifs qui ont servi, de tous temps, à renverser les gouvernements établis, moyens qui doivent leur permettre d'imposer, par la violence, leur réglementation égalitaire et niveleuse. Ces *socialistes révolutionnaires* nous menacent, à bref délai, d'une nouvelle invasion de barbares, sous la forme d'un soulèvement du prolétariat, qui renverserait l'autorité établie, abolirait la propriété individuelle et ferait partout table rase des institutions existantes. Nous ne faisons pas aux ouvriers français l'injure de croire qu'ils soient tous à la remorque de ces énergumènes, qu'ils soient tous disposés à déchaîner sur le pays les maux de la guerre civile : mais, dussent-ils, dans une heure d'égarement, se lever tous à la fois contre la société, la victoire demeurerait certainement à celle-ci. Est-ce un motif cependant pour ne tenir aucun compte des appels à la violence qui remplissent les feuilles socialistes et retentissent dans toutes les réunions publiques, de ces menaces constantes de représailles sanglantes au nom de la justice populaire, de ces annonces d'une liquidation sociale à opérer par l'emploi de la force? Chez une nation aussi impressionnable que la nôtre et aussi prompte à tous les entraînements, de telles prédications ne sont pas sans danger : la situation impose des devoirs sérieux au gouvernement qui a la charge de tous les intérêts, elle est, pour la société, un avertissement de se préparer à se défendre. L'histoire, en effet, nous montre, dans le soulèvement du prolétariat contre l'ordre établi, un fait qui se reproduit périodiquement, et la société qui laisserait préparer ce mouvement par son inertie et son abandon serait vraiment sans excuse. Mais les armes légales ordinaires suffisent, — à condition, bien entendu, de s'en servir, — car il s'agit de moyens d'attaque qui n'ont rien d'imprévu ni de nouveau.

Tout autre est le péril anarchiste. Ce n'est pas la conquête du pouvoir, soit par le suffrage universel, soit par la violence, qui est le but de la secte : car on ne cherche à conquérir un instrument de domination que pour le conserver et s'en servir. Or, les anarchistes ont le mépris de toutes les lois et de toutes les autorités. Individualistes jusqu'au crime, ils considèrent qu'une partie des travailleurs et même qu'un travailleur a droit à la reprise individuelle des produits collectifs. Pour eux, le vol n'est plus le vol, car reprendre à quelques-uns ce qui appartient à tous, ce n'est qu'exercer un droit. Qu'attendez-vous du Parlement? des pouvoirs publics? disent-ils aux prolétaires. On ne demande pas, on prend : on prend chez le boulanger, on prend chez le tailleur, on prend chez le riche, soit pour vivre, soit pour aider les compagnons à vivre. On prend même pour soutenir la cause anarchiste et créer une caisse de propagande dans laquelle on puisera pour combattre et détruire, avec ses propres armes, l'infâme capital [2].

7. La mise en application directe de leur doctrine ne suffit même plus aux compagnons anarchistes. Ils ont songé à la faire pénétrer dans les masses, non pas seulement par la parole et par la plume, mais par le fait violent et brutal, par l'attentat [3]. A ce point de vue, leurs moyens de propagande sont les moyens criminels ordinaires, l'incendie, l'explosion, l'assassinat, l'empoisonnement : mais le mobile n'est plus ce sentiment individualiste de haine, de vengeance, de cupidité qui arme le bras de l'assassin ou qui détermine l'incendiaire : il s'agit de crimes commis en haine des institutions sociales, pour donner une leçon de choses à la société bourgeoise et propager l'idée anarchiste

[2] Ainsi, le vol n'est qu'une *restitution*. L. Proal, *La criminalité politique*, p. 54 : « J'ai eu à juger pour vols qualifiés un anarchiste qui me disait : Je ne suis pas un voleur, mais un *restitutionnaire* ».

[3] Sur la propagande par le fait, voy. les documents rassemblés par Félix Dubois, *Le péril anarchiste* (Paris, 1894), p. 153 à 181.

par l'acte anarchiste. De sorte que, sous prétexte que leur raison individuelle nie et réprouve toute autorité, toute loi, toute propriété, de sinistres rêveurs prétendent substituer leur propre volonté à la volonté de tous et passer individuellement à l'acte qui préparera l'avènement de l'état anarchique. Tel est le caractère nouveau d'une série d'attentats criminels.

8. Ce qui est peut-être plus grave, ce qui est, dans tous les cas, plus imprévu et plus inquiétant, c'est le point de départ et l'appui que trouvent ces *idées* et ces *actes* dans le domaine intellectuel. Il existe un groupe d'esprits très pénétrants qui gravite autour de l'anarchie et en constitue le cerveau. Non contents d'intoxiquer les simples par l'exposé littéraire des doctrines, des intellectuels provoquent les actes anarchistes, soit directement en excitant à les commettre, soit, indirectement, en publiant des formules d'explosifs, en poétisant les auteurs des attentats, en les entourant d'une fausse et menteuse auréole, en les présentant comme des martyrs de l'idée, en cherchant à leur créer de sinistres imitateurs. Ainsi s'est formée, sous nos yeux, toute une littérature anarchiste, servant de véhicule aux excitations les plus coupables, et établissant un lien continu entre les théoriciens et les praticiens de la secte. Les crimes anarchistes ont créé, en effet, une confusion redoutable, pour les intellectuels, entre des spéculations abstraites et les actes des odieux monomanes qui se réclament de ces spéculations. Quelques-uns de ces littérateurs acceptent l'épithète d'anarchistes; d'autres la repoussent; mais tous la méritent[1].

9. Deux observations générales se dégagent déjà de ces constatations douloureuses. Elles nous permettront d'explorer et de déterminer le terrain sur lequel la société attaquée peut et doit porter la *lutte contre l'anarchie.*

10. Dans la propagande anarchiste par l'idée ou par le fait,

[1] Je n'entends parler, bien entendu, que de la littérature anarchiste proprement dite. Car il y a des livres, qui ont, presque toujours, leur place dans une bibliothèque anarchiste bien composée, et qui émanent de penseurs et d'écrivains, tels que : BUCHNER, DARWIN, GUYAU, écrivains qui n'ont jamais eu rien de commun avec l'idée anarchiste. Voyez, à ce sujet : FÉLIX DUBOIS, *op. cit.*, pp. 32 et 139.

la forme politique n'est plus en question. Ce n'est pas le gouvernement qu'il s'agit de conquérir ou de modifier par la violence; on se trouve en face d'atroces rêveurs, qui veulent renouveler et sauver le monde en le détruisant. La société, avec ses institutions et ses organes nécessaires, est la cible sur laquelle tirent les anarchistes. Ce qui le prouve, c'est que tous les pays, quelle que soit la forme de leur gouvernement, ont à subir ces assauts. Ce qui le prouve mieux encore, c'est que ce sont les pays à haute culture intellectuelle, à gouvernement populaire, qui souffrent le plus de cette crise. La notion de la criminalité politique est donc étrangère à ces actes, qui sont des *crimes sociaux,* et non des *crimes politiques*[5]. Depuis longtemps déjà, nous avons signalé la différence qui sépare les délits sociaux des délits politiques, et nous avons annoncé que le caractère nouveau des attentats anarchistes modifierait, dans l'Europe entière, le sentiment et la conception de la criminalité politique. A ce point de vue, le rôle de prophète nous a été rendu facile, car, dans l'évolution aujourd'hui accomplie, qui a transformé le révolutionnaire d'hier en l'anarchiste d'aujourd'hui, les nihilistes ont, en quelque sorte, préparé et ménagé la transition. C'est en les voyant à l'œuvre que nous avons marqué l'étape et prévu le point d'arrivée.

On sait que le délit purement politique est celui qui n'a pas seulement pour caractère prédominant, mais pour but exclusif de détruire, modifier ou troubler l'*ordre politique* dans un ou plusieurs de ses éléments[6]. La difficulté de caractériser l'infrac-

[5] Dans son message à l'Assemblée fédérale suisse, concernant un projet de loi fédéral sur les délits contre la sûreté publique dans le territoire de la Confédération suisse (loi entrée en vigueur le 25 juillet 1894), le Conseil fédéral déclarait que, à l'occasion des menées anarchistes en Suisse, le procureur général de la Confédération avait attiré, dès les mois de mai et juin 1885, l'attention sur l'insuffisance du Code pénal fédéral et des Codes pénaux des cantons, relativement à la répression des délits anarchistes. « Les anarchistes ont pour but, disait le procureur général, d'anéantir la société actuelle par la violence, et *leurs délits ont un caractère plutôt social que politique* ».

[6] A ce point de vue déjà, une autre évolution se prépare : elle tend à distinguer les *crimes contre la nation* et les *crimes contre le gouvernement.* Aux seconds seuls serait réservée la qualification de crimes politiques.

tion commence seulement au point précis où le délit, portant d'ailleurs atteinte à la vie ou à la propriété individuelles, a un *mobile* politique. Deux tendances contraires se partagent les esprits : tantôt, on ne se préoccupe que de la nature de l'acte en lui-même, sans chercher à en dégager les mobiles ; tantôt, on ne tient compte que des mobiles, sans se préoccuper de la nature de l'acte. Pour les uns, c'est donc le but qui caractérise les moyens ; pour les autres le but est indifférent, les moyens qualifiant seuls l'infraction. On sait que l'intérêt principal de la question se présente, à propos de l'extradition, à raison même des divergences d'appréciation, sur le caractère des délits politiques, dans les deux pays qui se mettent en rapport, à l'occasion d'un criminel réfugié sur le territoire de l'un et réclamé par le gouvernement de l'autre.

11. Mais, déjà, à ce dernier point de vue, la notion du délit politique a paru devoir être précisée et dégagée de la notion du délit social. Dès 1882, M. Bluntschli soumettait, à l'Institut de droit international, des observations sur le caractère nouveau de certains attentats. Après avoir exposé les immunités dont jouissent les délinquants politiques en matière d'extradition, il ajoutait : « Ces raisons n'existent pas dans le cas où ce n'est pas seulement l'ordre d'un État déterminé, mais l'ordre public et légal de toutes les nations civilisées qui est mis en danger, ou attaqué d'une façon criminelle. Au contraire, lorsqu'il en est ainsi, la solidarité qui unit tous les États dans la lutte contre les lésions de pareille nature, doit avoir son plein effet, et c'est un devoir international de se prêter mutuellement appui dans la poursuite de pareils criminels, qui sont dangereux pour tous. Tel est le cas de la poursuite commune des pirates, ennemis du genre humain. Tel est aussi le cas des conspirateurs communistes et nihilistes qui ont un caractère international, et menacent toutes les autorités dans tous les pays. Aux maux internationaux, il faut des remèdes internationaux[7] ». Ce fut là une pierre d'attente, car, dans les résolutions sur la théorie de l'extradition votées à Oxford en 1882, aucune distinction ne fut faite entre

[7] *Annuaire de l'Institut*, 1881 à 1882, p. 102 et 103.

les délits politiques et les délits sociaux. Mais, en 1892, dans sa session de Genève, l'Institut de droit international, vota, sur la proposition de M. Albéric Rollin, certains articles destinés à remplacer les articles 13 et 14 des résolutions d'Oxford sur l'extradition. Le nouvel article 14 est ainsi conçu : « Ne sont point réputés politiques, au point de vue de l'application des règles qui précèdent, les faits délictueux qui sont dirigés contre les bases de toute organisation sociale, et non pas seulement contre tel État déterminé ou contre telle forme de gouvernement. »

Ainsi, par l'effet de la loi sociologique de régression, l'histoire se répète sur ce point comme sur tant d'autres. Autrefois, les crimes de « lèse-majesté » ou « d'État » étaient plus rigoureusement réprimés que les crimes de droit commun : la peine de mort ne frappait pas seulement celui qui commettait un attentat, mais celui qui en avait la pensée. De même, les premiers traités, par lesquels les États anciens ont stipulé l'extradition de leurs criminels, concernaient les délinquants politiques. Ceux-ci ont été extradés avant qu'on ait songé à saisir, par delà les frontières, les assassins et les voleurs. Puis, une interversion se produit dans le sentiment des délits politiques. On les sent moins dirigés contre les bases mêmes de la vie sociale que contre l'ordre établi : on a donc, pour le délinquant, une indulgence qui va jusqu'à la faiblesse. On ne voit, dans le régicide et l'insurgé, qu'un vaincu pour lequel on rétablit l'asile international et on supprime la peine de mort. Mais voici que le délinquant se montre réfractaire non plus seulement aux conditions de telle forme de gouvernement, mais aux conditions mêmes de tout gouvernement; ce n'est plus seulement un *antigouvernemental,* c'est un *antisocial.* Et, alors, le sentiment utilitaire de la conservation, plus fort que toutes les théories, fait reprendre les anciennes sévérités et remettre en vigueur les anciennes mesures. La *lex majestatis* est rétablie, non plus pour protéger l'homme en qui se concentre l'autorité, non plus même pour sauvegarder telle forme politique, République ou Monarchie, mais pour protéger la société, attaquée, dans ses principes vitaux, par de nouveaux barbares, menacée par le même esprit de révolte, la même impatience de toute règle et de toute autorité, les mêmes passions haineuses, qui ont compromis, pendant longtemps, la sécurité des gouvernements établis. Telle est l'évolution caractéristique qui se poursuit sous nos yeux. Il ne faut ni s'en étonner, ni s'en indigner; la civilisation moderne ne semble pas disposée à une abdication; et parmi ceux qui en ont goûté le charme, qui donc songerait à s'en plaindre? qui donc songerait à blâmer des rigueurs devenues nécessaires?

Du reste, on a abusé, trop souvent, du sentimentalisme dans la répression des attentats dirigés contre l'ordre établi. Il est temps de rentrer dans la vérité juridique et de ne pas qualifier par le *but* poursuivi des actes qui sont toujours criminels par les *moyens* employés. Dans la discussion de la loi du 28 juillet 1894, le garde des sceaux a énergiquement protesté — et il a eu raison de le faire — contre une affirmation de M. Goblet : « Quand le meurtre, quand les provocations dérivent d'une haine farouche de la société existante, qui va jusqu'à ne reculer devant aucun moyen de destruction, je vous demande si vous ne les rattachez pas inconsciemment peut-être, mais nécessairement à la politique »? La notion de la criminalité politique doit rester étrangère à des actes qui n'attaquent pas seulement la société, mais qui attaquent l'*individu*, sous prétexte d'atteindre la société elle-même. Ce qu'il faut protéger, en effet, c'est, avant tout, l'individu, car la société n'est faite que pour lui permettre de développer, dans les limites des droits d'autrui, sa personnalité et son activité propres.

12. Les théories anarchistes sont nécessairement *internationales :* ceux qui les professent, comme ceux qui les appliquent, se font gloire d'être des « sans-patrie ». Elles ont une clientèle assurée parmi tous les déclassés et tous les réfractaires, à quelque nation qu'ils appartiennent, et sont, par cela même, douées d'une puissance de contagion et de propagation redoutables. Aucune nation ne peut donc, sans compro mettre sa propre sécurité, se faire l'asile des anarchistes. Chaque pays n'a pas seulement à se préoccuper, dans cette question, de faire justice aux réclamations des pays étrangers pour qu'on fasse justice à ses propres réclamations ; il doit se dire que, par la force des choses, la présence, sur son territoire, d'étrangers imbus d'idées anarchistes et disposés à les mettre en œuvre, constitue un ***danger national*** contre lequel il faut se prémunir. Aussi la nécessité d'une commune défense, seule sérieuse et seule efficace, doit fatalement conduire les nations européennes, non seulement à s'assurer mutuellement par l'extradition contre l'ubiquité du danger anarchiste, mais à se concerter et à s'entendre sur des mesures législatives et judiciaires internationales[8]. Des tentatives ont été faites dans ce sens[9] : elles se sont heurtées jusqu'ici à l'égoïsme mal compris de l'Angleterre. Cette nation tient à honneur d'être et de rester le refuge des criminels internationaux, de ceux que l'on peut appeler les ennemis du genre humain (*hostes generis humani*).

[8] D'après LOMBROSO (*Gli anarchisti*, p. 7), les mesures internationales seraient inutiles, vu que l'anarchisme n'a pas de centre que l'on puisse atteindre, le principe anarchiste consistant dans l'exagération de l'individualisme et dans la négation de toute dépendance. D'ailleurs, prétend-il, il y a des pays que l'anarchie ménage à cause de la douceur de leurs lois et parce qu'ils sont bien gouvernés. Il suffirait de se mettre d'accord au sujet de quelques mesures de police : Obligation de communiquer des renseignements sur les déplacements des individus suspects, — Défense de publier le compte-rendu des procès anarchistes ; — Liberté laissée aux populations de manifester contre les anarchistes, même par des faits violents, en créant ainsi une certaine légende anti-anarchiste, précisément dans le milieu populaire qu'ils cherchent le plus à séduire.

[9] L'Espagne, à la suite des attentats de Barcelone, paraît avoir pris l'initiative d'une proposition d'entente internationale, en vue de prévenir et de réprimer les attentats anarchistes. Cette proposition, dont le texte reste inconnu, a été retirée à la suite de l'opposition de l'Angleterre. M. RENAULT, dans sa chronique des faits internationaux (*Rev. gén. de droit public*, t. I, p. 59), exprime l'opinion qu'une convention formelle entre les États n'est ni nécessaire ni bien appropriée aux circonstances.

§ III. — LA PRÉVENTION ET LA RÉPRESSION DES ACTES ANARCHISTES[1].

13. Mesures intérieures de répression. — **14.** Difficultés de la lutte à raison du défaut d'organisation apparente de l'anarchie. — **15.** Du recrutement des anarchistes. Diverses catégories : les exaltés, les hallucinés, les malfaiteurs. La jeunesse anarchiste. — **16.** La lutte. L'anarchie est, avant tout, un mal moral. — **17.** Développement des mesures répressives en France.

13. Avant d'arriver à ce concert entre nations, si désirable et qui semble si facile, puisqu'il s'agit d'une question d'intérêt international, les divers États, qui souffrent du mal anarchiste, ont cherché les moyens de se défendre dans certaines *mesures intérieures,* soit préventives, soit répressives, qui sont presque partout les mêmes. Pour examiner leur caractère et leur efficacité, il faut se rendre compte, tout d'abord, de la vie et de la manière d'être de la secte.

14. L'anarchie a une organisation aussi simplifiée que possible, puisqu'elle ne laisse place à aucune autorité. On ne peut songer à la frapper à la tête, et la dispersion des moyens d'attaque, comme des procédés de défense, est un des traits caractéristiques de la lutte entreprise entre la société et l'anarchie. En effet, le seul lien général, que la secte établisse entre ses adhérents, est celui du *compagnonnage,* lien plus nominal que réel, qui naît d'affinité de goûts, d'idées, de tendance et qui réunit tous les antisociaux en une communauté de convictions ou d'illusions. Dans cette secte, chacun concourt au but, qui est la destruction de toute société, suivant son tempérament et ses facultés.

Les uns sont les *praticiens* de l'anarchie; ils propagent la doctrine par le fait, et se servent, comme moyens d'action, du vol, du pillage, de l'assassinat. C'est vers 1877, que, à côté de

§ III. [1] BIBLIOGRAPHIE : FABREGUETTES, *De la complicité intellectuelle et des délits d'opinion. De la provocation et de l'apologie criminelles. De la propagande anarchiste*, 1894-95; LOUBAT, *Code de la législation contre les anarchistes*, 1895; ROBERT JOUSSEAUME, *Étude sur les lois contre les menées anarchistes et sur les modifications que ces lois ont apportées à la législation pénale*, 1895.

la propagande théorique des révolutionnaires extrêmes, a commencé la *propagande par l'acte;* et, depuis, cette forme nouvelle de criminalité s'est développée, de jour en jour plus scientifique, plus anonyme et plus implacable. En Russie comme en France, en Espagne comme en Italie et en Belgique, un vent de folie anarchiste a paru souffler, semant partout la terreur et détruisant ce sentiment intime de sécurité que notre état social semblait tout au moins assurer : chacun s'est senti menacé, puisque l'attentat anarchiste n'avait pas de but déterminé, ne s'inspirait pas de mobiles individuels et que tout citoyen, le plus obscur comme le plus illustre, pouvait en devenir la victime.

A côté des anarchistes praticiens, il y a les *intellectuels :* ceux-ci apportent à la secte l'appui d'un talent souvent réel : ils aident à la diffusion de l'idée par le journal, la brochure, la chanson, l'image. Quelques-uns même, théoriciens de la propagande par le fait, se relient directement aux agents d'exécution, soit en excitant les compagnons à agir, soit en approuvant ceux qui ont agi.

Puis, les *trimardeurs*, ces colporteurs anarchistes, parcourent les quartiers ouvriers, vendant ou distribuant des brochures, des journaux, des images; ils se tiennent à la porte des casernes, excitant les soldats à insulter les galonnés et, au besoin, à tirer sur eux; ils vont dans les campagnes, pour entamer les masses rurales qui se sont montrées, jusqu'ici, réfractaires à l'évangile anarchiste.

Du reste, les compagnons trouvent partout l'excitation et l'assistance chez des anarchistes qui, en relations habituelles les uns avec les autres, forment des *groupes,* agissant sous la même inspiration. Réunion spontanée d'individualités ayant des convictions communes, le groupe, base de la future société anarchiste, sert aussi de base à l'organisation actuelle du parti. Il naît de relations personnelles, par quartier, par rue, par commune, par hameau. Les camarades d'un même groupe se rencontrent à intervalles fixes, soit chez l'un d'eux, soit, le plus souvent, dans ce club du pauvre, le cabaret. On cause du fait d'actualité; on échange ses impressions, ses espérances. Jamais on ne prend de décision ferme d'aucune sorte. Personne ne s'engage à quoi que ce soit. Mais le compagnon puise, dans ce milieu surchauffé, l'idée de l'acte qu'il réalisera, quand le germe, tombé en terrain propice, aura levé et grandi. Souvent, les groupes se mettent en relations soit par correspondances, soit par avis insérés dans les journaux du parti : ces échanges d'idées et ces propositions de services ne constituent pas une affiliation proprement dite, mais la constatation d'aspirations communes, d'une affinité de vues et de but, quelque chose d'insaisissable, et cependant de dangereux. Le parti anarchiste n'a, en effet, ni conseil général, comme l'Internationale, ni comité directeur, comme la Commune. Il n'a pas non plus cette organisation secrète qui paraît unir entre eux les nihilistes[2]. Cette absence de lien social rend difficile la surveillance; le plus souvent, c'est le hasard qui fait découvrir les projets d'attentats. La chasse menée contre les anarchistes par les polices de tous les pays, empêchera même désormais toute manifestation visible et officielle de la vie du parti. Il ne faut plus compter notamment sur ces congrès nationaux ou internationaux qui, sans entraver l'initiative individuelle des groupes ou des compagnons, désignaient à l'autorité les exaltés et les fortes têtes. La police doit, de plus en plus, être sur ses gardes, et on ne saurait l'accuser d'inertie ou de maladresse par cela seul qu'elle ne pourrait empêcher les attentats des solitaires.

15. Les anarchistes se recrutent dans les milieux les plus variés. Mais il existe une mentalité spéciale[3] qui leur est commune, c'est l'esprit de révolte, avec ses dérivés, esprit d'examen, de critique, d'opposition, d'innovation, qui conduit au mépris et à la haine de toute entente, de toute hiérarchie sociale et aboutit à l'exagération de l'*individualisme*. La littérature décadente a fourni un fort contingent au parti; il y a eu, dans ces dernières années, surtout parmi les jeunes littéraires, une poussée d'anarchisme; la sympathie pour les idées a conduit, peu à peu, à l'adoption des doctrines, et l'adoption des doctrines, à l'approbation des procédés de propagande.

[2] Je dis « paraît », car si on a toujours soupçonné l'existence de cette organisation, elle est restée insaisissable.

[3] Voy. Dr Crocq, *L'état mental des anarchistes*, 1894.

Les pratiquants et les adeptes de la secte peuvent être classés en diverses catégories. Il y a d'abord les exaltés, les fanatiques[4], au tempérament révolutionnaire; ceux dont la réceptivité à subir toutes les excitations du verbe et toutes les intoxications de la littérature est extrême[5]. Ils forment la grande masse du parti. Il y a, ensuite, les hallucinés, les déséquilibrés, ceux que recrute, comme premiers adeptes, tout évangile nouveau, ceux dont la foi ne s'arrête qu'au martyre, les plus dangereux, mais heureusement les moins nombreux dans la secte. Enfin, il y a les malfaiteurs, les cambrioleurs, qui couvrent du prétexte de l'anarchie leurs rapines ou leurs assassinats.

Tout le monde a été, du reste, frappé du grand nombre de jeunes gens qui ont pris part au mouvement anarchiste. C'est que l'esprit révolutionnaire naît et se développe surtout pendant la jeunesse. A de rares exceptions près, tous les régicides célèbres étaient à peine âgés de 30 ans au moment de leur attentat. A cette époque de la vie, l'homme est prompt à s'émouvoir : il se passionne pour les idées; son ardeur devient facilement de la violence, son amour de la liberté, de la révolte. Dans ce phénomène, il y a donc l'application de cette loi générale, que la criminalité politique ou sociale, sous quelque forme qu'elle se manifeste, se développe surtout dans les milieux jeunes et ardents[6]. Un autre fait inquiétant est de nature à apporter un nouvel élément à cette constatation : on sait que, depuis quelques années, en France comme dans d'autres pays de l'Europe, on se trouve en face d'une précocité criminelle plus grande. L'âge moyen des délinquants s'abaisse. Il n'est donc pas éton-

[4] Voy. sur Caserio, l'étude intéressante de G. Ferrero (La *Nuova Rassegna*, nº du 15 juillet 1894; et *le Figaro*, nº du 9 juillet 1894). Lombroso a également étudié Caserio (dans la *Nouvelle Presse libre*, de juillet 1894), chez lequel il trouve « tous les symptômes du criminel politique fanatique ». C'est bien l'impression qu'il a laissée à son éloquent défenseur, Mᵉ Dubreuil, qui a bien voulu me communiquer certaines pièces de son dossier personnel.

[5] Mᵉ Dubreuil a éloquemment montré, par exemple, le « triste éducateur » et excitateur qu'a été l'avocat Gori, cet intellectuel du socialisme et de l'anarchisme, sur Caserio, « ce jeune homme doux, affectueux, presque timide ».

[6] Voy. sur ce point, notamment : Dʳ Régis, *Le rigicide Caserio* (*Archiv. de l'anthropologie crim.*, 1895, p. 50).

nant que la criminalité sociale ait suivi ce mouvement et se recrute de plus en plus parmi les jeunes.

La société se trouve ainsi en présence de plusieurs groupes d'adversaires : les propagandistes intellectuels, les propagandistes matériels, et, comme organisations embryonnaires, les groupes, qui constituent des centres de propagande, des refuges pour les compagnons étrangers, des appuis pour l'individu apte ou déterminé au crime. Conférences, prédications, publications, moyens matériels d'action, l'anarchiste y rencontre toutes les excitations et toutes les ressources qui le mettront en état de réaliser, par un crime individuel, le but auquel tend l'effort commun.

16. Le parti à la fois le plus viril et le plus sage serait d'entreprendre la lutte sur le terrain des lois existantes, sauf à y apporter quelques modifications propres à les renforcer ou à les adapter à des besoins de défense nouveaux.

Il ne faut pas se dissimuler, du reste, que l'anarchie est, avant tout, un mal moral, dont le siège est très profond et qui doit se combattre surtout par des moyens d'ordre préventif. La recherche des causes qui la produisent et la développent nous entraînerait hors de notre sujet. Mais, parmi ces causes, il en est, et ce sont les plus directes, que les hommes de bonne volonté sont impuissants à faire disparaître : tout au plus, par leur union, arriveront-ils à les réduire et à les paralyser. On ne peut, en effet, se rendre compte de l'éclosion et du progrès de ces doctrines qu'en les considérant comme la conséquence presque fatale des modifications profondes qui se sont produites, depuis un siècle, dans les conditions économiques, politiques et religieuses de la société moderne. D'un côté, les rapports pacifiques entre le capital et le travail, que nos pères avaient su organiser, ont été rompus par le renversement des barrières traditionnelles qui protégeaient les déshérités : la loi darwinienne de la lutte pour la vie, qui s'appelle, dans l'ordre économique, la libre concurrence, règne aujourd'hui sans entraves. Le plus faible est fatalement écrasé par le plus fort, et, dans cette lutte, le plus fort est nécessairement le plus riche. Mais, d'un autre côté, les vaincus, qui sont le nombre, ont reçu, par le suffrage universel, la souveraineté politique : on leur a mis en mains, sans transition comme sans prévoyance, l'instrument de la conquête du pouvoir[7]. Les masses ouvrières ont paru d'abord s'en servir pour formuler certaines revendications politiques; et, sur ce terrain, leur triomphe a été presque complet : la démocratie coule à plein bord. Aujourd'hui, des révolutions politiques n'auraient plus de raison d'être. Qui se préoccupe, en effet, des formes de gouvernement, sinon quelques politiciens attardés, pour lesquels il n'y a pas de question sociale? Mais ce que demandent les prolétaires, qui, étant le nombre, sont la force, et, avec le suffrage universel, seront peut-être demain le droit, c'est la *confiscation* ou l'*expropriation,* au profit de tous, de ce qui semble devoir appartenir à tous. Les plus sages tendent à ce but par le moyen de la loi, les plus pressés, par la violence.

Le devoir qui s'impose à la société contemporaine, si elle ne veut pas être submergée par le flot montant des salariés, c'est de les réduire en les satisfaisant, c'est d'aider, par ses lois et ses œuvres, à une répartition plus équitable de la richesse et du bien-être entre le plus grand nombre, c'est de supprimer les inégalités sociales factices, c'est enfin de faire appel au frein moral, le seul puissant et le seul éprouvé, des idées et des convictions religieuses. La morale religieuse enseigne la résignation, l'obéissance, la charité; et ce sont là les contre-poids nécessaires à l'esprit de révolte, d'orgueil et d'égoïsme. Suivant une forte pensée, « s'il n'y a plus de classes dirigeantes, il y a toujours des classes responsables ». Tous ceux à qui la Providence a donné l'éducation, les talents, la fortune, doivent faire leur examen de conscience et se demander si, en enlevant aux déshérités l'idée de Dieu, le sentiment religieux, indissolublement uni au sentiment moral[8], sans lequel il n'y a plus ni droit

[7] Voy. sur ces points, Laveleye, *Le socialisme contemporain*, p. XIII de l'introduction sur les *Progrès du socialisme*.

[8] Edmond Scherer écrivait, en 1884, dans un remarquable article sur la *Crise actuelle de la morale :* « Sachons voir les choses comme elles sont : la morale, la vraie, la bonne, l'ancienne, l'impérative, a besoin de l'absolu...; elle ne trouve son point d'appui qu'en Dieu... Une morale n'est rien

ni justice, ils n'ont pas créé ou tout au moins accéléré le mouvement anarchiste. Le remède est donc d'abord dans la réforme morale. Comme le dit, dans son programme, le *Comité de défense et de progrès social*, « la science, les intérêts matériels, les constitutions politiques, la force elle-même, sont pour la société des étais insuffisants. Le mal est en nous et ne peut être guéri par des remèdes extérieurs. Il ne faut pas mettre notre espoir dans l'intervention de l'État et dans la multiplicité des lois; il ne faut pas croire au salut par la civilisation matérielle; il faut commencer la réforme sociale par la rénovation morale[9] ». En dehors de là, il peut y avoir des palliatifs; il n'y a pas de remède à une situation qui préoccupe tout esprit réfléchi[10].

17. Malheureusement, la répression doit avoir un rôle dans la lutte engagée. La loi pénale est l'*ultima ratio* des sociétés. Elle intervient quand la discussion sort du domaine des idées, et que la doctrine, se réalisant dans des actes, compromet l'ordre établi. Les législations, à ce point de vue, ont fait effort pour se rapprocher des origines les plus cachées et les plus profondes de l'*acte anarchiste*. C'est dans ce sens que s'est développé, surtout en France, tout le mouvement législatif et répressif contre l'anarchie.

1° On songe d'abord à frapper l'acte matériel, l'*attentat;* on se préoccupe aussi de sa préparation immédiate. A cette première phase de la répression, se rattachent les lois françaises du 2 avril 1892 et du 18 décembre 1893.

La forme caractéristique que revêt au début l'acte anarchiste, c'est l'emploi des substances explosibles. La loi du 2 avril 1892, motivée par les attentats de Ravachol, modifie, pour les pré-

si elle n'est pas religieuse ». Aussi l'auteur « de la morale sans obligation ni sanction » a le triste honneur de figurer dans les bibliothèques anarchistes.

[9] Aujourd'hui, dit M. le président Fabreguettes (*De la complicité intellectuelle*, p. 8), « plus d'idéal supérieur, donc plus de motifs pour élever les regards au-dessus des réalités ambiantes, pour lutter, pour aimer, pour se dévouer, d'où la concurrence effrénée des appétits, l'âpre désir de les satisfaire sur-le-champ coûte que coûte, et, en cas d'insuccès, la haine aveugle, stupide, presque bestiale, contre une société qui ne donne pas ce qu'on lui demande et en dehors de laquelle on n'aperçoit plus rien ».

[10] Voy. Fabreguettes, *op. cit.*, p. 18.

ciser et, au besoin, les étendre à cette forme de crime, les articles 435 et 436 du Code pénal.

Mais la société serait bien peu prévoyante si elle attendait, pour agir, que le projet criminel ait reçu un commencement d'exécution : il faut surtout l'atteindre dans sa *préparation*. La loi française du 18 décembre 1893 considère comme un *délit spécial* et punit de six mois à cinq ans d'emprisonnement et de 50 à 3,000 francs d'amende le fait de fabriquer ou de détenir, sans autorisation et sans motifs légitimes, des machines ou engins meurtriers ou incendiaires, agissant par explosion ou autrement, ou un explosif quelconque, quelle que soit sa composition.

2° On s'aperçoit bientôt qu'il ne suffit pas de réprimer l'acte anarchiste : il faut attaquer le mal dans sa racine, dans sa genèse, réprimer les faits qui en sont la préparation lointaine ; et une loi du 18 décembre 1893, remplace les articles 265, 266 et 267 du Code pénal, de manière à prévoir l'*entente* en vue des attentats anarchistes. Le but qu'on veut atteindre, c'est de surprendre une communauté de pensées et de résolutions criminelles, lorsque cette communauté résulte d'une affiliation, d'une association, d'un accord entre sectaires pour la propagande par le fait.

3° On va plus loin encore et on remonte plus haut. Les attentats ont presque toujours pour origine éloignée ces excitations publiques par la voie de la parole et de la presse, qu'on a si longtemps tolérées. Une loi du 12 décembre 1893 punit de peines, pouvant s'élever jusqu'à cinq ans d'emprisonnement, non seuseulement la provocation directe, non suivie d'effet, à commettre certains crimes, et notamment, les attentats anarchistes, mais encore leur apologie. On veut, par ce procédé, frapper ceux qui, dans les journaux ou les réunions publiques, poussent à la propagande par le fait, briser ainsi cette presse anarchiste qui est le grand lien entre les groupes et aussi entre les camarades.

4° La loi fait un dernier effort ; elle a la prétention et la volonté de saisir la *propagande anarchiste secrète*, de pénétrer dans l'intimité des « soirées de famille », des « déjeuners végétariens », des conférences et conversations privées, pour frapper l'incitation à l'acte et l'apologie de l'acte. C'est le loi du 28 juillet 1894 qui marque cette dernière étape dans la répression.

5° Enfin, trois mesures générales sont prises pour assurer l'efficacité de cet ensemble de dispositions. On a substitué la compétence des tribunaux correctionnels à celle de la cour d'assises, pour les délits de presse ayant un caractère anarchiste. Et, dans le but d'empêcher la propagande par la publicité des procès, dont les anarchistes avaient tiré grand parti pour la diffusion de leurs idées et de leurs actes, les tribunaux ont été autorisés à interdire le compte-rendu des débats. La prison étant un milieu propice au développement des idées anarchistes, l'emprisonnement individuel est devenu le régime pénal obligatoire pour tous ceux qui sont condamnés à raison d'un fait d'association ou de propagande.

Tel est l'ensemble de cette législation, qui n'a fait que reprendre et reforger les armes défensives dont la société s'est toujours servie dans sa lutte contre l'esprit révolutionnaire. Ce qu'elle frappe, en effet, ce sont des *actes* et non des *opinions*. La triple liberté de penser, d'écrire et de parler, n'est pas atteinte. On peut être anarchiste, professer des opinions anarchistes, les répandre, même publiquement, par la parole et par la presse, sans tomber sous le coup de la loi : il n'y a pas de *délit d'anarchisme*. Mais ce qu'on ne peut faire, c'est *préparer l'attentat,* soit en excitant directement ou indirectement à le commettre, soit en approuvant ceux qui l'ont commis. Dans ces limites, et sauf les difficultés de la preuve, lorsqu'il s'agit de provocations ou d'apologies clandestines, notre législation est restée sur le terrain du droit commun, et la loi bourgeoise a respecté, vis-à-vis d'adversaires qui ne reconnaissent aucune autorité, l'autorité des principes qui servent de fondement et de limite au droit social de punir.

Mais, tout en proclamant la nécessité comme la légitimité de cette législation, attaquée sans raison comme sans mesure, n'oublions pas les sages conseils que le grand pape Léon XIII donnait aux gouvernements dans son *Encyclique* du 29 juin 1881. Après avoir constaté l'inquiétude qui travaille les sociétés modernes : « Ce qu'il y a de plus grave, écrivait-il, c'est que, au milieu de tant de périls, les chefs des États ne semblent disposer d'aucun remède propre à rétablir la paix dans les esprits et l'ordre dans la société. On les voit s'armer de la puissance des lois et sévir avec vigueur contre les perturbateurs du repos public. Mais, s'il n'y a rien de plus juste, ils feraient bien de considérer qu'un système de pénalités, quelle qu'en soit la forme, ne suffira jamais à sauver les nations ».

§ IV. — L'ATTENTAT.

(C. p., art. 435, modifié par la loi du 2 avril 1892.)

18. Répression des attentats anarchistes au moyen d'explosifs. — 19. Cas dans lesquels la peine de mort est applicable, en France, aux crimes sociaux. — 20. Question théorique de l'application de la peine de mort à ces crimes. Les martyrs anarchistes.

18. Nous nous sommes expliqué déjà, dans notre *Traité du droit pénal français*[1], sur la répression des attentats anarchistes au moyen d'explosifs. La loi du 2 avril 1892, qui les prévoit, nous a paru inutile, car elle a seulement précisé certaines conditions de l'incrimination, conditions relatives soit à la tentative, soit aux objets explosés, sans créer un état de choses vraiment nouveau. Le besoin d'une législation spéciale ne se faisait pas sentir. Ce qui le prouve, c'est qu'il n'a pas été nécessaire d'y avoir recours et que le droit commun de la tentative a suffi pour prononcer la peine de mort contre Vaillant. Mais cette peine n'aurait pas été encourue, dans les pays, — et ils forment, aujourd'hui, la majorité[2], — où la tentative n'est pas punie comme le crime même. On peut donc se demander, s'il n'y a pas lieu de déroger à cette règle communément acceptée, lorsqu'il s'agit de crimes dont les effets désastreux peuvent être si étendus, quand même il n'en est pas résulté mort d'homme, et lorsque la tentative s'est rapprochée de l'exécution au point

§ IV. [1] Tome V, nos 624 et suiv.

[2] L'assimilation de la tentative et du délit manqué au délit consommé, au point de vue de la pénalité, est généralement repoussée par les législations étrangères modernes. Voir dans ce sens : C. p. belge du 8 juin 1867, art. 52; C. p. allemand de 1871 et 1872, § 44; C. p. hongrois du 28 mai 1878, art. 66; C. p. des Pays-Bas de 1881, art. 45.

de constituer le crime manqué. On l'a pensé en Allemagne, et le § 9 de la loi sur les matières explosibles établit cette assimilation du crime consommé au crime tenté[3].

19. Cette observation nous amène à l'examen de la question d'application de la peine de mort aux *crimes sociaux*.

a) En France, cette peine est encourue d'abord quand l'attentat, au moyen d'explosifs, a eu pour but un homicide. La qualification d'*assassinat*, est, en effet, applicable dans ce cas. D'une part, les moyens employés par l'agent pour donner la mort sont, en principe, indifférents[4]. D'autre part, la volonté homicide consiste soit dans le dessein de tuer une personne déterminée, soit dans une intention indéterminée de tuer : elle est, dans les deux cas, équivalente au point de vue de la qualification du fait. Enfin, l'emploi d'un explosif pour tuer implique la préméditation, c'est-à-dire la volonté de tuer antérieure à l'homicide.

b) La loi du 2 avril 1892 (C. p., art. 435 nouveau), a même assimilé à la tentative du meurtre prémédité, c'est-à-dire de l'assassinat, le dépôt, dans une intention criminelle, d'un engin explosif, *sur une voie publique ou privée*. Ce qu'a d'exceptionnel cette disposition, ce n'est pas la qualification de tentative donnée à l'acte incriminé, mais la présomption légale en vertu de laquelle cet acte se rapporte à un attentat contre les personnes, présomption que le coupable ne pourrait même pas combattre par la preuve contraire.

c) Enfin la destruction par un explosif a toujours été assimilée à l'incendie volontaire et punie de mort dans les cas où la nature de l'objet détruit entraîne l'expiation suprême.

Dans ces trois cas, les principes généraux du droit pénal français, d'après lesquels la tentative de crime est punie comme le crime même et le complice assimilé à l'auteur principal au point de vue de la répression, permettent de prononcer la peine de mort, soit contre les anarchistes qui auraient tenté d'assas-

[3] Voy. von LISZT, *Lehrbuch*, p. 204.
[4] Voy. mon *Traité*, t. IV, n° 219.

siner ou tenté de détruire des propriétés au moyen d'explosifs, soit contre leurs complices.

20. L'application et l'exécution de la peine capitale, dans ces divers cas, nous paraissent être en France, à l'heure actuelle, tout au moins, une cruelle nécessité : la peine de mort est la seule peine qui soit adéquate au besoin de sécurité de la foule anonyme, menacée par ces crimes impersonnels. L'opinion ne se sent rassurée que si la tête du misérable qui les exécute devient l'enjeu de son attentat[5]. Jusqu'à ce jour, du reste, depuis Ravachol jusqu'à Caserio, les anarchistes, reconnus coupables de l'un des faits que je viens d'énumérer, ont été condamnés à mort et exécutés. Tout le monde a fait son devoir. Les jurés n'ont pas eu la faiblesse d'accorder des circonstances atténuantes. Les présidents de la République ont mis leur honneur à laisser exécuter jusqu'au bout les arrêts de justice; et ce courage civique a même coûté la vie à M. le président Carnot, tombé, à Lyon, sous le poignard d'un anarchiste assassin, parce qu'il avait refusé d'exercer son droit de grâce et assuré, par ce refus, la sécurité de tous. Ce n'est donc pas un sentiment de commisération et de regret pour les coupables, ce n'est même pas notre instinctive répulsion pour la peine de mort, qui nous fait hésiter sur l'opportunité de son application : mais nous nous demandons si elle n'a pas plus d'inconvénients que d'avantages lorsqu'il s'agit de crimes sociaux. La peine de mort est la seule qui mette, au front des condamnés, l'auréole de victimes de la justice bourgeoise[6]. Parmi les moyens et les résultats de la propagande anarchiste, l'un des plus inattendus, en effet, est ce culte des martyrs, renouvelé des chrétiens de la primitive église. Le sentiment religieux, qu'on ne peut détruire, parce qu'il fait le fond de la nature humaine, a trouvé une issue dans cette direction,

[5] Cette impression est si intense que, en Italie, certains députés ont déclaré que les lois, pourtant si sévères, de 1894 sur les anarchistes seraient sans effet « tant que la peine de mort n'aurait pas été rétablie ». Et il est parfaitement possible, — ce sera une de ces évolutions régressives si fréquentes dans l'histoire, — que la peine de mort, abolie pour les crimes ordinaires, soit rétablie pour les crimes sociaux.

[6] Voy. sur ce point : DUBOIS, *op.* et *loc. cit.*, p. 67.

et créé les saints de l'anarchie. Des écrivains sans scrupules se sont faits leurs hagiographes; des artistes les ont représentés, dans le cadre de la guillotine, comme dans un nimbe auréolé. L'échafaud est devenu une tribune retentissante, et les derniers hurlements de Ravachol :

« Si tu veux être heureux, nom de D...,
Pends ton propriétaire! »

ont été répandus et répétés partout comme les *novissima verba* du premier martyr de l'anarchie. Tout cela est ridicule, sans doute, mais tout cela est profondément triste, surtout si l'on songe à ces esprits faibles, accessibles à toutes les impressions, que cette littérature intoxique, et chez lesquels le culte de Ravachol remplace le culte de Dieu!

§ V. — PRÉPARATION DE L'ATTENTAT. FABRICATION, DÉTENTION ET VENTE DES EXPLOSIFS OU DES MACHINES EXPLOSIBLES.

(L. 19 juin 1871; L. 18 déc. 1893.)

21. Extension, dans les législations modernes, de la répression des actes compromettants. Loi du 18 décembre 1893. — **22.** Elément matériel du double délit qu'elle prévoit : 1° Fabrication ou détention des machines, engins, explosifs quelconques. 2° Fabrication ou détention de toute substance destinée à entrer dans la composition d'un explosif. — **23.** Elément moral. Deux hypothèses. Dans la première, il faut que le détenteur ou fabricateur ait agi « sans autorisation et sans motifs légitimes ». Dans la seconde, qu'il ait agi « sans motifs légitimes ». — **24.** L'application des circonstances atténuantes est possible.

21. Les actes simplement préparatoires peuvent être érigés en délits *sui generis*, malgré leur caractère équivoque et indifférent. On sait combien les législations répressives modernes ont élargi, à ce point de vue, la notion de l'*acte compromettant*. Or, s'il est un fait de nature à créer un danger éventuel et à éveiller toutes les sollicitudes et tous les soupçons, c'est la détention ou la fabrication, sans motifs avouables, de matières ou d'engins explosifs. Dans presque tous les pays, ce fait a été considéré comme délictueux, sans référence avec l'attentat dont il est *présumé* être la préparation. La loi française du 18 décembre 1893[1], portant modification et addition à l'article 3 de la loi du 19 juin 1871 sur les explosifs, se place dans cet ordre d'idées.

22. L'élément matériel du double délit qu'elle prévoit consiste, soit à *fabriquer* ou *détenir* des machines ou engins meurtriers, agissant par explosion ou autrement, ou un explosif quelconque, quelle que soit sa composition, soit à *fabriquer* ou *détenir* toute autre substance destinée à entrer dans la composition d'un explosif.

a) La loi frappe d'abord le fait de fabriquer ou détenir l'engin ou l'explosif *déjà constitué*. Mais il y a d'autres faits, d'une nature analogue, et tout aussi compromettants, qui n'auraient pas été punissables, si l'on s'était arrêté à cette prévision. On saisit, par exemple, chez un anarchiste, une série de substances chimiques, destinées à entrer dans la combinaison d'un explosif; mais ces substances ne sont pas encore mises en œuvre; elles se trouvent isolées, à titre d'éléments distincts. Ce fait ne rentre pas dans les termes du premier alinéa de l'article, qui frappe l'*acte préparatoire consommé* et non *la préparation de cet acte;* mais il est puni par le second[2]. La loi autrichienne du 27 mai 1885 s'est montrée, avec raison, aussi prévoyante. D'après son § 6 : « Quiconque prépare, procure, commande ou détient des matières explosibles ou les éléments constitutifs de celles-ci, ou des appareils destinés à leur emploi, dans l'intention de mettre en danger lui-même ou de permettre à d'autres de mettre en danger la propriété, la santé ou la vie d'une autre personne, et quiconque livre à un autre des matières explosibles sachant

§ V. [1] L'article unique est ainsi conçu : l'article 3 de la loi du 19 juin 1871 est modifié ainsi qu'il suit : « Tout individu, fabricant ou détenteur, *sans autorisation et sans motifs légitimes*, de machines ou engins meurtriers ou incendiaires agissant par explosion ou autrement, ou d'un explosif quelconque, quelle que soit sa composition; — Tout individu, fabricant ou détenteur, *sans motifs légitimes*, de toute autre substance destinée à entrer dans la composition d'un explosif, sera puni d'un emprisonnement de six mois à cinq ans et d'une amende de 50 à 3,000 francs ». Pour les travaux préparatoires : S. *Lois annotées*, 94, p. 656.

[2] Dans le rapport au Sénat, M. Trarieux constate cependant que la commission a trouvé ce surcroît de précaution « exagéré ».

qu'elles sont destinées à cet objet, se rend coupable d'un crime et est puni des travaux forcés de cinq à dix ans ».

En France, le fait de procurer à une autre personne des matières explosibles, ou de lui donner des instructions pour les composer, ou de les commander pour s'en servir[3], constituerait un acte de complicité, comme le fait de provoquer à la fabrication par dons, promesses, menaces, etc., ou le fait d'y aider.

Assurément, la loi ne punit pas, quelque compréhensifs que soient ses termes, la fabrication ou la détention de toutes les matières qui, sans avoir par elles-mêmes le caractère d'explosifs, peuvent cependant entrer, à titre d'élément, dans la fabrication des machines ou engins, par exemple, des morceaux de plomb, des clous, de la mitraille. Le titre de la loi, son esprit, le sens apparent de son texte, tout indique qu'il ne s'agit que des seules substances formant l'élément de la matière explosible proprement dite.

b) Il faut, bien entendu, que la puissance de l'engin ou de l'explosif soit en rapport avec le but que l'agent veut atteindre et en vue duquel la loi en punit la fabrication ou la détention. Sans doute, il ne s'agit pas d'un fait incriminé comme tentative, pour lequel, par conséquent, la relation et l'équation entre le moyen et le but sont exigées par les principes généraux sur le crime impossible. Mais il s'agit de la fabrication ou de la détention d'*objets dangereux*. Si donc ce caractère manque, le fait incriminé n'existe qu'en apparence, en réalité il y a une intention criminelle dépourvue d'efficacité; l'agent profite de son inexpérience, de ce hasard heureux qui se mêle à toutes les choses humaines. Cette application à l'espèce des principes généraux doit faire d'autant moins difficulté que le texte qualifie de *meurtriers*, ou d'*incendiaires*, au point de vue de leurs résultats possibles, les engins ou les explosifs dont la fabrication ou la détention est considérée comme délictueuse.

[3] Celui qui commanderait, à un fabricant de bonne foi, des matières explosibles dans une pensée d'attentat, tomberait sous le coup de la loi, mais comme complice et non comme auteur principal. La qualification n'a, du reste, aucune importance, au point de vue de la répression, puisque le complice est puni de la même peine que l'auteur principal.

23. L'élément moral du délit n'est pas le même dans les deux séries de faits prévus par la loi.

a) L'individu, fabricant ou détenteur de machines ou engins, meurtriers ou incendiaires, ou d'un explosif quelconque, n'est punissable que s'il a agi « *sans autorisation et sans motifs légitimes* ».

L'autorisation administrative dispense-t-elle de toute recherche sur les motifs de la détention ou de la fabrication? L'autorisation n'a dû être donnée, semble-t-il, qu'après examen des motifs qui la faisaient solliciter. Sans doute, le détenteur ou le fabricateur autorisé pourrait être considéré comme *complice* du tiers auquel il aurait lui-même procuré sciemment ces engins ou ces explosifs et qui les détiendrait sans motifs légitimes; mais il ne pourrait être considéré comme auteur d'un délit, le fait qui lui serait reproché étant couvert par une autorisation. Tel n'est pas le système de la loi française. Le projet du gouvernement incriminait le fait commis « sans motifs légitimes ». La commission de la Chambre des députés a pensé qu'il y avait lieu de dire « sans autorisation et sans motifs légitimes ».

En effet, « si le texte du gouvernement avait été respecté, lit-on dans le rapport, il en serait résulté que l'autorisation accordée devait nécessairement être considérée comme un motif légitime de fabrication ou de détention. Or, il n'est pas discutable qu'une autorisation de fabrication ou de détention de machines ou engins explosibles et d'un explosif quelconque, peut être facilement surprise, et que l'impunité serait accordée à ceux qui non seulement auraient fabriqué ou détenu, mais qui auraient en plus trompé les pouvoirs publics en obtenant une autorisation par des mensonges ou des manœuvres frauduleuses. Avec la rédaction nouvelle, l'autorisation ne suffit pas, mais elle est nécessaire et il faut en plus avoir des motifs légitimes pour fabriquer et détenir des machines ou engins meurtriers ou incendiaires, agissant par explosion ou autrement, ou des explosifs quelle que soit leur composition ».

C'est donc seulement quand la détention ou la fabrication est autorisée, que se pose la question des motifs. Suffira-t-il, au détenteur ou fabricateur, pour tomber sous le coup de la loi, de ne pas pouvoir prouver qu'il a fabriqué ou détenu une machine explosible ou un engin meurtrier sans motifs légitimes? Sera-ce au ministère public, au contraire, à établir l'intention délictueuse qui a déterminé le prévenu? La loi anglaise frappe de peines sévères celui qui fabrique ou détient des machines explosibles dans l'intention d'attenter à la vie des citoyens ou d'endommager la propriété. Elle frappe de peines moindres celui qui fabrique ou détient ces mêmes machines dans des conditions suspectes. Cette distinction, dans le premier cas, met la preuve à la charge du poursuivant; dans le second, à la charge du poursuivi. La distinction peut être critiquée : mais enfin elle s'explique. Tandis que la loi française paraît rejeter, dans tous les cas, le fardeau de la preuve sur le fabricateur ou le détenteur. Rationnellement, cependant, ce n'est pas la détention ou la fabrication sans motifs légitimes qui constitue le danger social du fait incriminé; mais le but attentatoire à la propriété ou à la vie que peut avoir le détenteur. Un ouvrier rural qui a volé des cartouches de dynamite, pour s'en servir dans le défrichement de rochers, détient bien sans motifs légitimes : pourtant, il n'a pas cette intention criminelle spéciale, en vue de laquelle la loi punit la détention de cartouches de dynamite. Et cependant, avec le texte actuel, il tombe sous le coup de la répression : non seulement il détient un explosif sans autorisation, mais encore il le détient sans motifs légitimes. Ce n'est certainement pas cette situation que la loi a eue en vue.

b) Lorsqu'il s'agit simplement de la fabrication ou de la détention de substances destinées à entrer dans la composition d'un explosif, la demande d'autorisation eût été exagérée. Les substances destinées à entrer dans la composition d'un explosif ou susceptibles d'y concourir sont d'un usage commun. Aussi la fabrication et la détention sont libres, et le délit n'existe que si le fabricant ou le détenteur a agi « sans motifs légitimes[1] ».

24. La loi du 19 juin 1871 permettait aux tribunaux (art. 4)

[1] « Il suffit, lit-on dans le rapport, de dire que le fabricant ou le détenteur avait des motifs légitimes de fabriquer ou de détenir, pour qu'il n'y ait lieu ni à poursuites ni par conséquent à condamnation ».

d'appliquer l'article 463 du Code pénal. Cette disposition n'a pas été modifiée et le bénéfice des circonstances atténuantes peut être accordé aux prévenus.

§ VI. — LES ASSOCIATIONS ET ENTENTES ANARCHISTES[1].

(C. p., art. 265, 266 et 267, modifiés par la loi du 18 décembre 1893 sur les associations de malfaiteurs.)

25. Les dispositions du Code pénal. Leur caractère et leur origine. — **26.** Ces dispositions étaient insuffisantes pour briser les ententes anarchistes. La loi du 18 décembre 1893. — **27.** Application de cette loi. Le procès des trente. Son résultat. Enseignement qui s'en dégage. — **28.** Des deux éléments du crime contre la paix publique d'association ou d'entente de malfaiteurs. — **29.** Il faut d'abord le fait d'une association ou d'une entente. Trois observations. Ce que l'on entend par entente. L'association ou l'entente tombe sous le coup de la loi, quelle que soit la durée de l'association et quel que soit le nombre de ses membres. — **30.** Le second élément se réfère au but de l'association. — **31.** La loi incrimine les affiliés et les fauteurs. — **32.** Les affiliés sont mis sur la même ligne au point de vue de la répression. — **33.** Des fauteurs. — **34.** Le fait incriminé, en ce qui les concerne, est un fait principal. — **35.** De la peine qui frappe les affiliés. Rôle nouveau de la relégation. — **36.** Difficulté en ce qui concerne l'interdiction de séjour — **37.** La relégation est-elle exclue par l'âge du condamné à l'expiration de la peine principale? — **38.** De la peine qui frappe les fauteurs. — **39.** Excuse absolutoire au profit des dénonciateurs.

25. Le crime d'association de malfaiteurs n'est pas nouveau : il a sa place marquée dans un certain nombre de législations qui frappent le seul fait de l'association, parce que ce fait a un caractère *compromettant* et constitue une menace et une atteinte à la sécurité de tous. Les articles 265 et suivants du Code pénal de 1810 le prévoyaient déjà. Mais, en 1810, on avait en vue les associations de malfaiteurs qui, sous le nom de *chauffeurs*, par exemple, désolaient les campagnes, bandes *organisées*, ayant leur *hiérarchie*, formées en vue d'un *but déterminé*, qui était de mettre en commun le produit de leurs déprédations. Les associations ne tombèrent, par suite, sous le coup de la loi, qu'à une double condition : la première, d'avoir une organisation

§ VI.[1] LABORDE, *Les associations et ententes de malfaiteurs*, 1894.

hiérarchique et *permanente;* la seconde, de comprendre une *bande,* c'est-à-dire un nombre suffisant d'associés[2].

26. Le mouvement anarchiste commence : des attentats successifs se produisent. Ils ont pour inspirateurs et pour auteurs des individus, réunis par une communauté de pensées mauvaises, en vue de la propagande par l'idée et par le fait. L'opinion publique est profondément émue de l'existence, au milieu de notre civilisation, d'une secte qui rêve la destruction de la société et fait appel, dans ce but, à la violence collective ou individuelle. Le gouvernement, qui a pour principale mission de pourvoir à la sécurité de tous, se demande s'il est suffisamment armé par les dispositions pénales existantes : si, notamment, comme nous l'avons entendu soutenir en 1883 par un éminent magistrat[3], les anarchistes ne tombent pas sous le coup de l'article 265 du Code pénal qui donne la qualification de *crime contre la paix publique* à toute association de malfaiteurs. On s'aperçoit bientôt que l'organisation des anarchistes, si organisation il y a, ne présente aucun des caractères constitutifs de l'association des malfaiteurs, telle qu'elle est définie par la loi. Cette organisation n'est, en effet, ni permanente, ni continue : elle n'a pas de cadres déterminés, de chefs désignés, la tendance particulière aux anarchistes étant précisément d'écarter toute idée de *hiérarchie*, de *subordination,* d'*organisation*. Le gouvernement doit s'appliquer, cependant, à briser les ententes

[2] Voy. sur tous ces points mon *Traité*, t. IV, nos 87 et suiv.

[3] En 1883, eut lieu, à Lyon, devant le tribunal correctionnel et devant la cour d'appel, le procès de 66 anarchistes, dont 15 en fuite, sous prévention d'affiliation à la *Société internationale des travailleurs*. Parmi eux figuraient notamment Kropotkine, Emile Gautier, Bordas, Sanlaville, Bernard, etc. M. le procureur général Fabreguettes prononça un réquisitoire qui restera, comme un modèle, dans le souvenir de tous ceux qui l'ont entendu ; il déclara, au cours de sa discussion, qu'il avait songé un moment à poursuivre les prévenus sous la qualification d'association de malfaiteurs. Cette idée fut reprise en 1892. A la suite des attentats commis à Paris, les parquets furent invités à ouvrir des informations contre les anarchistes, en vertu des articles 265 et suivants du Code pénal; mais on s'aperçut bientôt que les éléments juridiques du crime d'association ne pouvaient être relevés contre eux, et les inculpés arrêtés sous cette prévention furent remis en liberté.

criminelles, à les surprendre même sous les formes fuyantes qui leur permettent de se dérober à la répression. Il présente et fait voter, le 18 décembre 1893, une loi qui rajeunit les dispositions des articles 265, 266 et 268, pour les adapter aux conditions nouvelles de cet esprit d'association qui ne disparaît jamais, mais se renouvelle, se diversifie, s'assouplit, suivant les temps, suivant les circonstances[4].

27. Une application de cette loi nouvelle a été tentée depuis sa promulgation. Mais les poursuites ont abouti à un échec. En 1894, en effet, après des perquisitions et des arrestations nombreuses[5], trente individus furent retenus et renvoyés devant la cour d'assises de la Seine. On avait mis, comme dans une pièce de théâtre, quelques noms en vedette : Jean Grave, Sébastien Faure, Chatel et Fénéon ; on avait ajouté quelques comparses et, enfin, pour corser le spectacle, on poursuivait quelques cambrioleurs, tels qu'Ortiz. Mais tous étaient accusés d'avoir fait partie d'une *même association de malfaiteurs*. En les acquittant tous de ce chef, le jury a probablement pensé qu'il ne pouvait y avoir concert et entente qu'entre gens qui se connaissaient, qui s'étaient vus, qui avaient machiné ensemble quelque attentat.

La thèse soutenue par l'accusation est intéressante à reproduire, parce qu'elle peut permettre de rechercher la véritable portée de la loi de 1893. La propagande anarchiste a des procédés qui sont entièrement nouveaux, qui ne rentrent nullement dans le type connu des complots et des conspirations d'autrefois. L'anarchie a une organisation, mais sans cadres fixes et sans hiérarchie, et la brochure de Jean Grave, la *Société mourante et l'Anarchie*, dont la lecture a fait le fond du réquisitoire de M. l'avocat général Bulot, donne l'idée de ce genre d'organisation et de propagande. « La propagande ouverte, y lit-on, doit servir de plastron à la propagande par les actes, secrète celle-là ; elle doit lui fournir les moyens d'action, qui sont les hommes, l'argent et les relations ; elle doit sur-

[4] Pour les travaux préparatoires : S., *Lois annotées*, 1894, p. 653.

[5] 785 arrestations, dit-on. Nous ne nous portons pas garant de ce chiffre qui a été indiqué par les journaux et non démenti.

tout contribuer à mettre en lumière les actes accomplis en les commentant ». En conséquence, il faut former des groupes, dont les adhérents se fréquenteront, se donneront mutuellement l'hospitalité, se fourniront, le cas échéant, des secours en argent. On aura des conférenciers pour propager l'idée, on publiera des journaux et des brochures, et, par là, on suscitera les exécutions pour accomplir « l'acte indéterminé ».

Et qu'entend Jean Grave par l'acte indéterminé? « Nous appelons, dit-il fait indéterminé, l'acte qui n'est pas connu d'avance... Il y a très peu d'hommes qui soient disposés à faire le sacrifice de leur vie. C'est notre propagande qui doit les révéler; c'est à la masse que nous devons nous adresser, en lui faisant entrevoir une société où elle aura la satisfaction de tous les besoins ». Voilà donc l'organisation de cette entente. Il y a, d'une part, les théoriciens, les penseurs, qui excitent au crime, qui disent comment il le faut commettre : ils lancent, à tous les vents de la publicité, leurs appels homicides; ils envoient des conférenciers; ils écrivent des livres et des brochures; ils dessinent des images; ils publient des journaux; ils donnent des recettes d'explosifs; puis ils attendent tranquillement, dans leur cabinet, que la graine des futures moissons anarchistes ait germé, qu'un compagnon réalise l'idée et exécute l'acte. Ce compagnon, ils ne le connaissent pas d'avance, et, entre la tête qui pense et la main qui exécute, il n'y a pas cette unité qui résulte d'une résolution d'agir arrêtée et concertée entre plusieurs personnes. Dans ces conditions, on peut dire qu'il existe une entente indéterminée, en vue d'attentats indéterminés, entre gens qui ont la même opinion et qui veulent la réaliser par les mêmes moyens : c'est une sorte de compagnonnage anarchiste, qui descend de ceux qui « prêchent » à ceux qui « travaillent », en passant par ceux qui « foncent ». Mais il n'y a ni association ni complot dans le sens que le Code pénal donne à ces expressions. La loi du 12 décembre 1893 a-t-elle entendu réunir, par une sorte de présomption invincible, les *propagandistes par l'idée* et les *propagandistes par le fait,* de sorte que la prédication de l'idée et la réalisation de l'acte se ramifieraient par des liens nécessaires et impliqueraient le fait d'association de malfaiteurs? Si oui, le jury de la Seine a méconnu la véritable portée de la loi[6]. Sinon, — et c'est notre avis, — il a fait œuvre de justice en acquittant, et il faut conclure de son verdict que la loi de 1893 n'a point suffisamment défini les caractères propres, spéciaux au compagnonnage anarchiste, et qu'en lui appliquant les vieilles formes de la *conspiration,* elle n'a point suffisamment tenu compte de cette évolution de la criminalité : on ne conspire plus, en effet, pour renverser l'ordre social, comme on conspirait pour renverser ou modifier l'ordre politique.

C'est ce que nous allons rechercher et démontrer en examinant attentivement les conditions du délit.

28. Deux éléments constituent l'incrimination[7] : 1° il faut d'abord le fait d'une association ou d'une entente; 2° il faut ensuite que cette association ou cette entente ait eu pour but de préparer ou de commettre des crimes contre les personnes ou les propriétés.

29. A propos du premier élément, trois observations s'imposent.

a) Le Code pénal n'incriminait que l'*association*. Il entendait par là « une organisation permanente avec un lien de hiérarchie et de discipline ». C'est pourquoi les associations d'anarchistes qui constituent d'ordinaire un groupement de malfaiteurs reliés entre eux par une simple communauté d'idées et de but, ne tombaient que difficilement sous le coup de cette disposition. Il a donc fallu élargir la notion traditionnelle du terme « association » et incriminer l'*entente*.

Mais quand y a-t-il entente? Trois caractères de cette forme nouvelle de l'association criminelle ont été précisés dans la discussion et trois propositions s'en dégagent.

[6] C'est ce que pense M. Loubat, *Code de la législation contre les anarchistes*, p. 189.

[7] L'article 265 nouveau du Code pénal est ainsi conçu : « Toute association formée, quelle que soit sa durée ou le nombre de ses membres, toute entente établie dans le but de préparer ou de commettre des crimes contre les personnes ou les propriétés, constituent un crime contre la paix publique ».

Ce que la loi prévoit, ce n'est pas l'entente en vue de la *propagande des idées* anarchistes, mais l'entente en vue de la *propagande par le fait*[1].

Il n'y a entente, à ce point de vue, que lorsque la résolution d'agir a été arrêtée entre deux ou plusieurs personnes.

Cette résolution d'agir ne s'applique pas nécessairement à un *crime déterminé;* il suffit qu'elle s'applique à un *genre déterminé de crimes.*

1° Le rapporteur de la loi, M. Flandin, dans la séance du 15 décembre 1893, a développé la première proposition : « Il existe peut-être certains groupes anarchistes organisés qui se sont donnés pour mission de poursuivre la *propagande de l'idée :* ceux-là professent des doctrines que nous répudions d'une façon absolue, *sans qu'assurément personne d'entre nous ait la pensée de les incriminer au point de vue pénal.* Mais à côté de cette catégorie d'anarchistes qui ne s'occupent que de la propagande de l'idée, il y en a d'autres, bien autrement dangereux, qui se sont donné pour mission la *propagande par le fait,* qui se créent une spécialité, par exemple, de la propagande par les engins explosifs, dont la haine contre la société se manifeste par des attentats monstrueux, hier au théâtre de Barcelone, aujourd'hui au Palais-Bourbon, demain peut-être dans tel autre de nos édifices publics. Eh bien, ce sont ces *actes hideux de destruction* que nous voulons empêcher ». Le but de la loi est donc nettement défini. La propagande de l'idée, si détestable et si dangereuse qu'elle soit, personne n'a la pensée de l'incriminer au point de vue pénal. Ce que l'on vise, c'est l'entente en vue de la propagande par le fait. Les ententes entre théoriciens de l'anarchie sont licites, ce sont les ententes entre praticiens que l'on veut punir.

2° Même ainsi limitée dans son but, l'incrimination de faits susceptibles d'alarmer le public, mais qui ne sont encore que *menaçants,* soulevait bien des scrupules. Certains esprits libéraux ne voyaient pas sans effroi introduire, dans une loi pénale, le

[1] En sens contraire : LOUBAT, *op. cit.*, p. 189. Mais la réfutation de cette opinion se trouve dans le texte.

mot « entente », qui, par son élasticité et son manque de précision, paraissait laisser la porte trop largement ouverte aux appréciations et à l'arbitraire des juges, et permettre, ainsi, les procès de tendance. Un député, M. Viviani, s'est fait l'écho de ses craintes et a demandé à M. le rapporteur : « Qu'est-ce que c'est qu'une entente? » Je cite textuellement la réponse de M. Flandin, car elle précise nettement le sens juridique de la qualification nouvelle : « On me demande ce que nous voulons réprimer en visant l'entente pour commettre les crimes contre les personnes et les propriétés. Lorsqu'il s'agit du complot, la loi va jusqu'à frapper le dessein arrêté de commettre un acte criminel; elle va infiniment plus loin encore, elle va jusqu'à réprimer la simple proposition de former un complot. Vous le voyez, ce sont, en définitive, les principes écrits dans le Code pénal, en ce qui concerne le complot, que nous vous demandons d'introduire dans la loi nouvelle. Seulement alors que les textes législatifs visant le complot s'appliquent à des actes spéciaux déterminés, nous vous demandons de nous donner, par la loi nouvelle, les moyens d'atteindre non pas un crime spécial et déterminé, mais la préparation d'un ensemble de crimes ». Il résulte donc de cette discussion, que l'entente, dans le nouvel article 265, a le sens qu'il faut lui donner dans le complot. « Il y a complot, dit l'article 89 du Code pénal, dès que la résolution d'agir est concertée ou arrêtée entre plusieurs personnes ». Ainsi, c'est *la résolution d'agir en vue de la propagande par le fait*, que vise la loi nouvelle. Et le rapporteur avait raison d'affirmer que, dans ces limites, il s'agissait moins de créer une incrimination nouvelle, que d'étendre aux crimes de droit commun contre les personnes et les propriétés une incrimination qui était restée, jusque-là, spécialisée dans le domaine des crimes contre la sûreté intérieure de l'État.

3° Mais puisque l'incrimination de l'entente avait pour objet d'établir, en matière de droit commun, une disposition analogue à celle qui existe en matière politique, pourquoi n'a-t-on pas adopté un amendement de M. Jourde, tendant à remplacer les mots « toute entente » par ceux-ci « toute résolution d'agir? » L'amendement fut combattu par M. Clausel de Coussergues.

président de la commission, parce qu'en reproduisant les termes mêmes de l'article 89, on pouvait faire croire qu'il s'agissait, comme dans cet article, de la résolution d'agir appliquée à un *crime déterminé*, tandis qu'on voulait atteindre, sous le nom d'entente, la *résolution d'agir appliquée à un genre déterminé de crimes*. « Dans le complot, disait M. Clausel de Coussergues, on veut atteindre ceux qui se sont réunis en vue de perpétrer un ou plusieurs actes criminels déterminés, limités. Ici, que voulons-nous? Atteindre ceux qui se réunissent pour préparer, d'une manière générale et non pas seulement d'une manière spéciale, une série d'actes indéterminés et les moyens de commettre ces actes. Nous sommes d'accord avec M. Jourde, lorsqu'il dit : ce que vous voulez atteindre c'est le complot. Oui, c'est un complot, que ce soit bien entendu; mais ce n'est pas le complot ayant pour but de commettre un ou plusieurs attentats déterminés, c'est le complot qui a pour but de commettre une série indéterminée d'attentats ». Ainsi, l'adhésion à un programme de crimes d'un genre déterminé contre les personnes ou les propriétés, suffit pour constituer l'entente punissable. Il ne faut donc pas limiter l'application de la loi au cas où l'entente ne serait établie qu'en vue de crimes dès à présent déterminés d'une manière précise. Cette condition, c'est-à-dire la détermination des crimes à préparer ou à commettre, à laquelle n'était pas subordonnée la répression des anciennes associations criminelles, n'est pas non plus, et à plus forte raison, exigée par les dispositions nouvelles[9].

Sous le bénéfice de ces trois observations, on remarquera que la loi n'a pas dû spécifier les circonstances d'où résultera l'entente. Ce ne peut être là, en effet, qu'une question de fait, tranchée souverainement par les tribunaux.

b) Dans la définition des associations et ententes qu'il réprime, le nouvel article 265 ne dit pas, comme l'ancien, « toute association *de malfaiteurs* », mais simplement « toute association *formée*, etc. », de sorte qu'on n'a plus à se demander s'il faut

[9] *Sic*, Cass., 12 mai 1894 (*Lois nouvelles*, 1894. 2. 149; *Pand. franç.*, 1894. 1. 485).

être malfaiteur avant de participer à l'association ou à l'entente punissable, ou si on le devient par le fait même de cette association, ce qui était, du reste, la véritable signification du texte ancien.

c) Sans indiquer sous quelle condition de nombre la réunion de malfaiteurs formait une association, il fallait, tout au moins, d'après l'ancien texte, que ce nombre fût assez grand pour constituer une « bande ». Le nouveau texte porte, au contraire : « Toute association *formée,* quelle que soit sa durée ou le *nombre* de ses membres, toute entente établie... ». Le fait incriminé est donc la « formation » de l'association, l' « établissement » de l'entente. Dès que la résolution d'agir est arrêtée entre *deux personnes* au moins, le fait incriminé existe.

30. Le but de l'association ou de l'entente doit être « *de préparer ou de commettre des crimes contre les personnes ou les propriétés* ».

a) Ainsi, la loi nouvelle entend atteindre, non seulement les associations et les ententes qui se rapportent à l'*exécution* des crimes contre les personnes et les propriétés, mais encore celles qui n'auraient pour objet que la *préparation* de ces crimes. Tombent donc sous le coup de ses prévisions, aussi bien ceux qui s'entendent pour fabriquer des bombes destinées à être employées plus tard, que ceux qui s'entendent pour les employer.

b) Les anciens articles du Code pénal incriminaient « l'association de malfaiteurs envers les personnes ou les propriétés », sans distinguer suivant la gravité des infractions que les malfaiteurs avaient en vue. Nous en avions conclu, dans notre *Traité du droit pénal* (t. IV, n° 88), que ces dispositions étaient applicables, non seulement aux associations qui se proposaient de commettre des *crimes,* mais encore à celles qui s'organisaient pour commettre des *délits*. Le législateur de 1893 a modifié les textes et restreint l'incrimination. Le but de l'association ou de l'entente punissable doit être de préparer des *crimes* et non des *délits*. Cette ligne de démarcation nous paraît difficile à respecter et la distinction peu prévoyante[10].

[10] On a craint, sans doute, de punir plus sévèrement l'association ou

c) Mais il importe peu que les crimes projetés soient classés par le Code pénal parmi les crimes et délits contre la chose publique : s'ils attaquent les personnes ou les propriétés, cela suffit pour que l'association ou l'entente qui se forme en vue de les préparer ou de les exécuter tombe sous le coup de la loi [11].

En résumé, ce qui doit être établi par l'accusation c'est qu'il existe, entre deux ou plusieurs individus, une *entente*, c'est-à-dire un *accord* dans le but de préparer ou de commettre des crimes contre les personnes ou les propriétés.

31. Les articles 266 et 267 distinguent deux catégories d'individus punissables pour infraction à l'article 265 : ceux qui sont affiliés à l'association ou à l'entente et ceux qui la favorisent (les *affiliés* et les *fauteurs*).

32. La peine prononcée contre le crime variait, auparavant, suivant l'importance des *fonctions* que chaque accusé occupait dans l'organisation de la bande. Aujourd'hui, les associations et ententes de malfaiteurs étant incriminées indépendamment de toute organisation hiérarchique, tous les affiliés subissent le même châtiment. Il faut mais il suffit donc d'avoir adhéré à l'entente, telle que nous l'avons définie, pour être considéré comme affilié, sans qu'il y ait aucune distinction à faire, en cas d'organisation hiérarchique, entre les chefs et les soldats (C. p., art. 266 nouveau).

33. La loi nouvelle incrimine, comme le faisait déjà le Code pénal, ceux qui *favorisent*, par certains procédés, l'association ou l'entente. « Sera puni de la réclusion, dit l'article 267, quiconque aura sciemment et volontairement *favorisé* les auteurs des crimes prévus à l'article 265 en leur fournissant des instru-

l'entente pour commettre de simples délits que le fait accompli (Voy. rapport Bérenger, Sénat, *Déb.*, p. 1467). Mais on n'a pas suffisamment remarqué que l'entente était punie comme crime *sui generis* et non comme acte de complicité. Or, le fait de s'associer ou de se concerter pour détruire des récoltes (C. p., art. 444 à 451), par exemple, est plus grave, peut-être, que le fait d'un individu isolé qui commet ce délit. Il est, dans tous les cas, plus alarmant pour l'ordre social.

[11] Voy. mon *Traité*, t. IV, n° 88.

ments de crime, moyens de correspondance, logement ou lieu de réunion [12] ».

Ce qu'il importe de remarquer, c'est qu'il s'agit, dans cet article, d'un *fait principal*, dont l'élément matériel suppose, non pas l'habitude, mais l'acte isolé d'avoir fourni des instruments de crime, etc. [13], et dont l'élément intentionnel résulte de la connaissance qu'avait l'accusé de l'entente criminelle et de la volonté de la favoriser (*sciemment* et *volontairement*) [14].

34. Les fauteurs sont donc coupables d'un crime *sui generis :* ils ne sont pas, dans les conditions prévues par l'article 267, des *complices* soit du crime d'association ou d'entente de malfaiteurs, soit du crime contre les personnes ou les propriétés commis par les malfaiteurs associés. La fourniture d'un logement ou lieu de réunion sera, par suite, punie de la réclusion, sans qu'on ait à rechercher si les crimes commis par des affiliés tombent ou non sous le coup des lois pénales françaises. Supposons, par exemple, qu'une association d'anarchistes espagnols se soit formée, en Espagne, pour préparer ou commettre, soit en Espagne, soit ailleurs, un attentat contre les personnes ou les propriétés : cette association échappera à l'action des lois françaises; mais ceux qui lui fourniront, en France, sciemment et volontairement, des instruments de crime, moyens de correspondance, etc., tomberont sous le coup de l'article 267 [15].

35. Les affiliés encourent, comme peine principale, les tra-

[12] Le fait de fournir un « lieu de retraite » n'est pas incriminé par l'article 267. L'article 248 du Code pénal continuera donc à recevoir son application pour la prévision du délit spécial résultant du recel d'un criminel poursuivi par la justice, même si l'inculpation est celle du crime prévu par l'article 265 nouveau.

[13] L'énumération des quatre faits matériels par lesquels on devient fauteur est certainement limitative. Ainsi le fait de fournir sciemment et volontairement de la nourriture aux compagnons anarchistes qui s'entendent pour commettre ou préparer un « coup », ne serait pas réprimé par l'article 266.

[14] Les mots *sciemment* et *volontairement* doivent, par conséquent, être textuellement insérés dans la question posée au jury. Voy. mon *Traité*, t. IV, n° 90 et la note.

[15] Comp. mon *Traité*, t. II, n° 362; t. IV, n° 90.

vaux forcés à temps, et, comme peines complémentaires ou accessoires, la relégation et l'interdiction de séjour.

La relégation reçoit, pour la première fois, une application et un caractère nouveaux. Tout d'abord, elle devient la peine d'un crime au lieu d'être la conséquence d'un état de récidive; puis, elle est facultative pour les juges, tandis que, dans sa fonction ordinaire, elle est obligatoire. La relégation se combine avec la résidence forcée dans la colonie pénale qui est imposée aux forçats libérés (L. 30 mai 1854, art. 6), en ce sens qu'elle la remplace, à l'expiration de la peine, lorsqu'elle a été prononcée et que si la cour d'assises n'a pas prononcé la relégation, le libéré reste soumis à cette résidence. Tel est le sens de la réserve faite par l'article 266 : « sans préjudice de l'application de la loi du 30 mai 1854, sur l'exécution de la peine des travaux forcés ». La relégation est perpétuelle; elle n'a donc pas toujours la même durée que la résidence forcée dans la colonie pénale qu'elle est destinée à remplacer, puisque cette dernière mesure est égale à la durée de la peine, si celle-ci est inférieure à huit années, perpétuelle quand la peine est de huit ans et au dessus (L. 30 mai 1854, art. 6). Il y a là une anomalie.

36. Toute condamnation aux travaux forcés à temps entraîne l'interdiction de séjour qui remplace la surveillance de la haute police. Cette peine est encourue de plein droit et pour vingt années par le fait seul de la condamnation; mais le juge est autorisé à la réduire ou à la remettre complètement, et il lui est prescrit de faire mention, dans l'arrêt, s'il n'use pas de son droit, qu'il a été délibéré sur la dispense ou la réduction (C. p., art. 46 et 47).

Quelle est, à ce point de vue, la situation de celui qui est condamné aux travaux forcés à temps pour avoir fait partie d'une association de malfaiteurs? Il faut distinguer deux hypothèses. Si la cour d'assises prononce la relégation, elle n'a pas à statuer sur l'interdiction de séjour qui, aux termes de la jurisprudence, est incompatible avec cette mesure. « Attendu que la relégation étant une peine perpétuelle à subir hors de France, il n'y a pas lieu de statuer sur l'interdiction de résidence en certains lieux de France[16] ». Mais si la cour d'assises ne prononce pas la relégation, elle doit, comme dans les cas ordinaires, se préoccuper de l'interdiction de séjour qui est l'accessoire de la condamnation aux travaux forcés à temps.

37. On peut se demander si la relégation, applicable, comme peine complémentaire, aux individus déclarés coupables du crime prévu par l'article 265, est exclue par l'âge du condamné à l'expiration de la peine principale. En d'autres termes, dans le cas où le condamné aux travaux forcés devrait avoir, à l'expiration de sa peine, plus de soixante ans ou moins de vingt et un ans, faudrait-il remplacer la relégation par l'interdiction de séjour perpétuelle ou par un envoi en correction jusqu'à sa majorité, comme on devrait le faire s'il s'agissait d'un récidiviste (L. 27 mai 1885, art. 6 et 8)?

Je n'hésite pas à le croire. Bien qu'appliquée ici en dehors des cas pour lesquels elle avait été créée, la relégation trouve son organisation et ses conditions dans la loi du 27 mai 1885[17].

38. Les fauteurs encourent la réclusion et l'interdiction de séjour à vie ou à temps. Cette dernière peine est facultative[18]. Par un oubli de l'article 46 du Code pénal, aux termes duquel la durée de la surveillance de la haute police, remplacée par l'interdiction de séjour, ne peut excéder vingt ans, l'interdiction, ici, peut être perpétuelle. Aucun motif spécial n'existait pour déroger au droit commun[19].

39. Les articles 266 et 267 « exemptent de peine » les affiliés ou les fauteurs qui, « avant toute poursuite », ont révélé aux autorités constituées, soit l'association ou l'entente de mal-

[16] Cass., 8 avril 1886 (*Pand. franç.*, 86. 1. 110).

[17] En sens contraire cependant, LABORDE, *op. cit.*, n° 42.

[18] L'article 47, § 2 du Code pénal, aux termes duquel « si l'arrêt ou le jugement ne contient pas dispense ou réduction de la surveillance, mention sera faite, à peine de nullité, qu'il en a été délibéré », est-il applicable ici? Je n'en doute pas, puisque l'article 267 n'a dérogé à cette règle ni expressément ni implicitement.

[19] On trouve une semblable anomalie dans le nouvel article 435 du Code pénal modifié par la loi du 2 avril 1892 en vue d'atteindre plus sûrement les attentats anarchistes au moyen d'explosifs.

faiteurs, soit la fourniture d'instruments de crime, moyens de correspondance, logement ou lieu de réunion.

Cette disposition, qui encourage et récompense la délation et la lâcheté, a été empruntée aux articles 108 et 138[20], avec certaines différences quant aux conditions et quant aux effets de l'exemption de peine.

Les conditions de l'excuse sont au nombre de trois : 1° Il faut que la révélation se produise avant toute poursuite; 2° mais elle est acquise à quelque période d'exécution que soit arrivé le crime des affiliés ou des fauteurs; 3° enfin, il suffit de révéler le fait, il n'est pas nécessaire de révéler nominativement les coupables.

L'excuse a pour effet l'exemption de toute peine. Les juges ne pourraient prononcer l'interdiction de séjour, comme les y autorisent les articles 108 et 138. Cette différence, sur laquelle les travaux préparatoires ne s'expliquent pas suffisamment, ne peut avoir d'autre motif que le désir de provoquer le plus possible les dénonciations par la certitude d'une impunité absolue.

20 BECCARIA, dans son *Traité des délits et des peines* (trad. de Faustin Hélie, p. 81), a critiqué le principe de ces dispositions en les accusant de favoriser la trahison et la lâcheté. Les idées de Beccaria ont été reprises par ROSSI, *Traité du droit pénal*, liv. I, ch. XXXIV, et par Faustin Hélie, notes sur Beccaria, p. 88. Diderot avait, au contraire, combattu les idées de Beccaria, en disant : « Rien ne peut balancer l'avantage de jeter la défiance entre les scélérats, de les rendre suspects et redoutables l'un à l'autre, et de leur faire craindre, sans cesse, dans leurs complices, autant d'accusateurs. Cela n'invite à la lâcheté que les méchants, et tout ce qui leur ôte leur courage est utile. La délicatesse de l'auteur est d'une âme noble et généreuse; mais la morale humaine, dont les lois sont la base, a pour objet l'ordre public, et ne peut admettre au rang de ses vertus la fidélité des scélérats entre eux pour troubler l'ordre et violer les lois avec plus de sécurité ».

§ VII. — CONSIDÉRATIONS GÉNÉRALES SUR L'ENSEMBLE DE LA LÉGISLATION DES ACTES ANARCHISTES, DE LEUR PRÉPARATION INDIVIDUELLE OU COLLECTIVE, DE LEUR EXÉCUTION.

40. Double question. — **41.** Le véritable caractère de la législation sur les attentats anarchistes et leur préparation, c'est de transporter, dans le domaine des crimes sociaux, des prévisions jusque-là réservées aux crimes politiques. — **42.** De la proposition faite et non agréée de commettre un attentat anarchiste. — **43.** De la non-révélation des associations et ententes de malfaiteurs. — **44.** De l'insuffisance de cette législation.

40. Nous connaissons maintenant l'ensemble de cette législation sur les *actes* anarchistes, leur préparation individuelle ou collective, leur exécution : nous pouvons et devons l'apprécier.

Est-il vrai, d'abord, comme on l'a prétendu, qu'elle méconnaisse les limites ordinaires que s'est tracé, depuis la Révolution, le droit pénal français, cet ensemble de principes et d'idées qui forment le fonds commun de la défense sociale et en dehors duquel il ne saurait être permis de rechercher et de trouver des armes?

Telle que je viens de la présenter, cette législation est-elle en rapport de défense avec l'attaque furieuse que subit la société? Et, dans la lutte entreprise contre l'anarchie, certains points stratégiques n'ont-ils pas été négligés ou oubliés?

41. Le véritable caractère de cette législation, c'est de transporter, dans le domaine des *crimes sociaux,* des prévisions réservées, jusqu'ici, par tradition, aux *crimes politiques*. Il y a là une évolution fatale de la répression, parallèle à l'évolution de la criminalité. La dynamite anarchiste n'a épargné aucun État, quelle que soit la forme de son gouvernement. Il n'y a donc pas à se le dissimuler, ce que demandent les nouveaux révolutionnaires, ce ne sont pas des changements politiques plus ou moins radicaux, c'est la destruction même de l'ordre social, tel qu'une longue suite d'efforts et d'expériences a pu le constituer. Aussi commence-t-on à se convaincre que les crimes sociaux ne sont pas des crimes politiques, que, tout au moins, ils diffèrent essentiellement des autres crimes politiques, en ce qu'ils ne visent pas tels ou tels gouvernements, mais s'attaquent à des principes communs à tous et conservent leur criminalité partout.

C'est une raison de plus pour redoubler de prévoyance, et éviter le mal qu'on tend à réprimer. Voilà pourquoi, dans les crimes sociaux, comme dans les crimes politiques, la loi doit suivre attentivement les progrès de la résolution criminelle et de chacune des phases de l'action que l'agent prépare et veut accomplir. En général, dans les crimes ordinaires, on ne punit que la consommation ou la tentative manifestée par un commencement d'exécution (C. p., art. 2). Dans les crimes sociaux, comme dans les crimes politiques, où un mal énorme peut être la conséquence de l'attentat, la loi pénale n'attend pas que le criminel ait parcouru, tout ou partie, de l'*iter criminis*, qu'il s'y soit même engagé. On a vu des législations, exclusivement préoccupées du danger social de ces crimes, « de l'intérêt suprême de l'État », exagérer l'action préventive de la loi pénale, en punissant la seule *résolution* de commettre un de ces crimes, et la frapper de la même peine que la consommation de ce crime. La « loi de majesté de Tibère », dont on a parlé, avec une éloquente exagération, à la tribune de la Chambre, dans la discussion de la loi du 28 juillet 1894[1], avait ce caractère odieux. *Eadem enim severitate voluntatem sceleris, qua effectum, puniri jura voluerunt*, disent les jurisconsultes romains de l'Empire et répètent, après eux, les criminalistes de l'ancienne France[2]. Le droit moderne a toujours repoussé cette

§ VII. [1] M. Goblet (*J. off.*, séance du 18 juillet 1894, p. 1370).

[2] Plutarque rapporte que Denys le Tyran fit mettre à mort un de ses sujets seulement parce qu'il avait rêvé qu'il tuait ce prince, ce qui fut regardé comme une preuve suffisante qu'il en avait eu le dessein quand il ne dormait pas. Montesquieu rappelle le même fait et le juge : « Un Marsyas songea qu'il coupait la gorge à Denys. Celui-ci le fit mourir, disant qu'il n'y aurait pas songé la nuit, s'il n'y eût pensé le jour. C'était une grande tyrannie : car, quand même il y aurait pensé, il n'avait pas attenté. Les lois ne se chargent de punir que les actions extérieures ». *Esprit des Lois*, liv. XII, chap. XI. — Sous l'empire romain, la même rigueur fut appliquée au crime de lèse-majesté et passa dans notre ancienne législation. Jousse (*Traité de la justice criminelle*, t. III, p. 697) nous en cite quelques exem-

inquisition de la pensée, et a toujours consacré, avec raison, la maxime d'Ulpien : *Cogitationis nemo pœnam patitur.* Et ce ne sont pas les lois de 1893 qui rétablissent, vis-à-vis des anarchistes, un régime condamné. Il y a même deux faits, dont l'un est puni, en cas de crimes politiques, et dont l'autre était punissable, qui n'ont pas été relevés par cette législation prétendue draconienne.

42. Le Code pénal ne punit pas, sans doute, la simple résolution de commettre un crime d'État, alors même que cette résolution serait avouée. Ce qu'il punit d'abord, dans l'article 89, § 4, c'est « la proposition faite et non agréée de former un complot pour arriver aux crimes mentionnés dans les articles 86 et 87 », c'est-à-dire un *acte de propagande,* de recherche d'auxiliaires, la proposition de s'associer pour commettre un crime. La loi du 18 décembre 1893 a négligé d'incriminer ce fait[3]. Ce qu'elle punit, c'est l'*entente,* c'est-à-dire un accord de volonté et non pas simplement la manifestation d'une volonté unilatérale. On remarquera donc, à ce point de vue, la différence entre l'article 89 et l'article 265 : l'un incrimine le *complot* et même la *proposition non agréée de former un complot.* L'article 265 ne va pas aussi loin, puisqu'il n'incrimine que le *complot* sous le nom d'*entente.*

43. La non-révélation des associations et ententes de malfaiteurs n'est pas non plus punissable[4]. Le Code pénal de 1810 pu-

ples. Voy. également La Roche-Flavin, *Des Parlements de France*, p. 866, n° 7. Même régime fut appliqué en Angleterre au crime de haute trahison. Blakstone (t. V, p. 322), cite des condamnations prononcées pour avoir eu la pensée d'attenter à la personne du roi.

[3] Nous verrons que ce fait est prévu et puni, dans certaines conditions, par la loi du 28 juillet 1894.

[4] « Le projet de loi affranchit de toute peine de non-révélation, dit le rapport de M. de Bastard à la Chambre des pairs du 6 mars 1832. Votre commission, appelée à s'expliquer sur cette disposition nouvelle, n'hésite pas à dire qu'elle regarde la révélation d'un crime d'État comme un des devoirs les plus rigoureux que la morale publique impose aux citoyens; mais elle ne s'est pas dissimulé que c'était là un de ces devoirs que le législateur était impuissant à prescrire, et dont elle ne pouvait punir le non-accomplissement ».

nissait la non-révélation, comme crime ou délit, en matière de complot contre la sûreté de l'État et de fausse monnaie, par les articles 103 à 107, 136 et 137; ces articles ont été abrogés par la loi du 28 avril 1832. Mais lorsqu'il s'agit de crimes de nature à produire des résultats aussi désastreux que les attentats commis au moyen de matières explosibles, la révélation peut être un devoir rigoureux et il nous paraîtrait légitime, dans certaines circonstances données, de réprimer la violation de ce devoir. Envisagée au point de vue de la morale absolue, cette inertie n'est guère moins coupable que l'acte positif, et elle est généralement inspirée par des mobiles plus bas, la lâcheté, la peur des responsabilités ou des représailles, et, dans tous les cas, cette indifférence égoïste pour le salut de tous, cette absence coupable de solidarité, qui est le dissolvant des groupes sociaux. Certes, il répugne au caractère français de se porter dénonciateur, et, lorsqu'il s'agit d'un *crime accompli,* nous verrions bien des inconvénients à heurter ce sentiment ou ce préjugé; mais ces répugnances sont criminelles lorsqu'il s'agit d'*empêcher un grand crime* encore à l'état de projet. La loi qui punirait celui qui, pouvant empêcher un attentat anarchiste dont il a connaissance, en le révélant à l'autorité, a préféré se taire, laisser passer et laisser faire, cette loi n'aurait rien d'excessif. Tous les honnêtes gens l'approuveraient.

44. En appliquant ainsi aux crimes anarchistes le droit commun des complots et conspirations politiques, sans même aller, dans ses prévisions, aussi loin que le Code pénal, les lois de 1893 n'ont pas sacrifié les principes aux nécessités de la répression. Elles ont fait œuvre utile, mais certainement insuffisante. Sans doute, il arrivera parfois que plusieurs compagnons arrêteront ensemble le projet d'un attentat ou prépareront les moyens de l'exécuter, abandonnant à l'initiative de l'un des conspirateurs le choix du lieu, du moment et des circonstances. Dans ce cas, la loi du 18 novembre 1893 permettra de les poursuivre, ce qu'on n'aurait pu faire auparavant. Voilà quelle est son utilité et le cercle de son application. Mais, d'un côté, ainsi que le constatait le garde des sceaux, dans la séance de la Chambre du 18 juillet 1894, « il est extrêmement rare que les crimes anarchistes soient le fruit d'une entente et l'œuvre d'une association ». D'un autre côté, ils sont, presque toujours, le résultat dernier et le produit vénéneux d'une propagande individuelle, active, incessante, quotidienne, qui s'exerce, par le journal, la brochure, le discours, la conversation même, sur les faibles, les primitifs, propagande qui crée une réceptivité spéciale pour toutes les idées antisociales et transforme, en vulgaires malfaiteurs, de braves et honnêtes ouvriers. Ce qu'il faut donc frapper, si l'on veut prévenir l'attentat, c'est l'exécrable propagande.

§ VIII. — LES PROVOCATIONS PAR LA VOIE DE LA PRESSE.

(L. 29 juillet 1881, art. 24, 25 et 49, modifiés par la loi du 12 décembre 1893.)

45. La provocation par la voie de la presse. Ses dangers. Suggestion sur la foule. — **46.** Provocation suivie d'effet. — **47.** Provocation non suivie d'effet. — **48.** Loi du 12 décembre 1893. — **49.** Système de la loi du 29 juillet 1881 sur la provocation non suivie d'effet. Modifications. — **50.** Provocation au crime prévu par l'article 435 du Code pénal. — **51.** Provocation au vol. — **52.** Imprévoyances de la loi de 1893. — **53.** De l'apologie publique de certains crimes ou délits. — **54.** Peines des délits de provocation ou d'apologie. — **55.** Provocation adressée à des militaires. — **56.** Modifications à l'article 49. Droit de saisie et d'arrestations préventives. — **57.** Distinction entre la provocation aux attentats contre la sûreté extérieure et intérieure de l'État.

45. Il ne saurait entrer dans le programme et le but d'un gouvernement libéral de contester aux écoles soit socialistes soit anarchistes, la libre discussion des doctrines, par la parole, l'écrit, le livre ou le journal. Ce n'est pas que l'exposition et la propagande publiques de ces doctrines soient sans danger ; mais c'est qu'il n'est plus possible et qu'il n'est plus permis de ressusciter les *délits d'opinion*. Ce qui est et doit rester interdit, c'est l'appel à la violence par la voie de la presse, c'est l'excitation au meurtre, au pillage, à l'incendie, en un mot c'est la *provocation criminelle*. On a dit, avec quelque apparence de raison, que la suggestion du crime par la presse était à la suggestion ancienne par la parole ou par l'écrit, ce que la dynamite est au poignard.

Des expériences et des études récentes ont mis en relief l'extrême danger que présentent ces excitations[1]. Elles s'adressent, en effet, à la foule, au public. Or, d'une part, la foule n'agit que sous l'influence de meneurs, et, dans ses actes, elle se montre inférieure, non seulement au niveau moral de la société au sein de laquelle elle se forme, mais encore à celui de l'individu isolé qui en fait partie. D'autre part, il est inexact de voir, dans la criminalité collective, un simple total des criminalités individuelles : en réalité, les masses agissent sous l'action d'entraînements, de forces, d'impulsions qui ne surgissent que par l'effet de la réunion des individus. La provocation, lancée à la foule anonyme, c'est une allumette enflammée jetée au milieu de matières explosibles. Il importe donc, surtout dans les moments de crise sociale, de prévenir et de réprimer sévèrement de tels actes. D'autant plus qu'ils portent atteinte à la liberté morale des faibles, des enfants, des ouvriers, de ceux qui sont trop disposés à prendre au sérieux tout ce qui est imprimé et tout ce qui est dit par de plus intelligents qu'eux.

Dans tous les pays, du reste, la législation de la provocation par la voie de la presse a pour point de départ une distinction entre la *provocation suivie d'effet* et la *provocation qui n'a pas eu de résultat.*

46. Si la provocation a été suivie d'effet, c'est-à-dire si le crime auquel on a incité a été commis ou a été, tout au moins, l'objet d'une tentative punissable, l'instigation est considérée comme un *acte de complicité,* par la loi française sur la presse du 29 juillet 1881 (art. 23), aux deux conditions suivantes : 1° qu'elle se produise par certains modes de publicité : «*discours, cris* ou *menaces* proférés dans des lieux ou réunions publics, — écrits, *imprimés* vendus ou distribués, mis en vente ou exposés dans des lieux ou réunions publics, — *placards, affiches,* exposés au regard du public »; 2° qu'elle soit *directe,* c'est-à-dire qu'elle ait eu en vue un délit déterminé et qu'on puisse rattacher l'acte de l'auteur de ce délit au fait même de la provocation, sans qu'il soit nécessaire, du reste, que le provocateur

§ VIII. [1] SCIPION SIGHELE, *La foule criminelle,* Essai de psychologie collective. Trad. de Paul Vigny, Paris, 1892.

ait été en rapports directs et personnels avec l'auteur du crime ou du délit.

La circonstance essentielle qui rend ici la provocation dangereuse c'est la *publicité*. L'instigateur s'adresse à la foule, et il a plus de chance de réussir et de trouver un exécuteur pour sa résolution criminelle que s'il s'adressait à des individus isolés; enfin, une foule se laisse plus facilement émouvoir et impressionner, elle s'enflamme plus vivement qu'un individu. Tels sont les deux motifs qui, de tous temps, ont fait considérer la publicité comme un moyen d'agir sur la volonté, analogue ou équivalent par ses effets aux moyens spécifiés par le Code pénal. Qu'on ne s'y trompe pas, en effet, la presse n'est ici que l'instrument d'un délit réprimé par le droit commun; car la provocation suivie d'effet est punie comme *acte de complicité* par l'article 60 du Code pénal, toutes les fois qu'elle est accompagnée de dons, promesses, menaces, abus d'autorité ou de pouvoir, etc., c'est-à-dire de circonstances de nature à déterminer ou à influencer la volonté de l'agent.

47. Lorsque la provocation n'a pas produit d'effet, c'est-à-dire n'a pas été réalisée par un agent d'exécution, on a pu se demander s'il était légitime de la punir, s'il fallait songer à prévenir le mal, ou s'il ne suffisait pas de réprimer les attentats une fois commis. Mais la législation, qui attendrait le fait accompli pour intervenir, serait vraiment bien imprévoyante. Quant à se réclamer de la liberté de penser pour écarter la répression, c'est un sophisme qui a été souvent réfuté. Prêcher l'incendie, le pillage, le meurtre, ce n'est point simplement faire usage de la liberté de penser, d'écrire et de parler, c'est conseiller un crime, c'est s'y associer d'avance, c'est chercher à créer des malfaiteurs, c'est être criminel par la volonté. « La provocation, écrivait M. Lisbonne, rapporteur de la loi sur la presse du 29 juillet 1881, la provocation, dans l'hypothèse où elle a été suivie d'effet, comme dans celui où elle ne l'a pas été, est un *acte* et non l'expression d'une opinion, la manifestation d'une doctrine et d'une tendance ». La légitimité de la peine qui atteint la provocation est proclamée par Montesquieu : « Ce ne sont pas, dit-il, les *paroles* ou les *écrits* que la loi punit, mais bien une *action* commise, dans laquelle les écrits ou la parole sont employés et dont ils sont les signes extérieurs[2] ». On l'a ainsi compris en 1881 ; mais les législateurs de cette époque n'ont pas cru devoir réprimer toute provocation : ils ont usé de tempéraments, certainement excessifs.

48. A la suite de l'attentat commis par Vaillant dans l'enceinte de la Chambre des députés le 9 décembre 1893, M. Casimir-Perrier, alors président du Conseil des ministres, déposa, sur le bureau de la Chambre, le 11 décembre 1893, quatre projets de loi ayant pour objet de conjurer les dangers auxquels se trouvent exposés, par la menace de pareils crimes, l'ordre social et la sécurité publique. Le premier de ces projets, le seul dont nous ayons à nous occuper en ce moment, apportait des modifications considérables à plusieurs dispositions de la loi du 29 juillet 1881 sur la liberté de la presse (art. 24, 25 et 49). Il reproduisait, sauf quelques nuances, le texte d'un projet antérieur qui avait été présenté aux Chambres par le gouvernement en 1892, dans des circonstances analogues, et qui, après de longues discussions, n'avait pas abouti, le Sénat et la Chambre des députés n'ayant pu se mettre d'accord.

Le gouvernement a été plus heureux en 1893, et le 12 décembre est intervenue une loi, ne comprenant qu'un article, dont les paragraphes successifs portent modification des articles 24 § 1, 25 et 49 de la loi du 29 juillet 1881 sur la presse[3]. Cette loi contient deux ordres de dispositions : 1° Elle étend le cercle des provocations punissables et augmente les pénalités édictées par la loi de 1881 ; 2° Elle autorise, pour certains cas déterminés, la saisie préventive des placards ou affiches incriminés, et l'arrestation préventive des inculpés, même s'ils ont leur domicile en France.

49. La provocation non suivie d'effet ne tombait sous le coup de la loi de 1881, que lorsqu'elle avait pour objet d'exciter à commettre les crimes de meurtre, de pillage ou d'incendie, ou l'un des crimes contre la sûreté de l'État prévus par les articles

[2] *Esprit des lois*, liv. XII, 12.
[3] Pour les travaux préparatoires : S. *Lois annotées*, 1894, p. 649.

75 à 101 du Code pénal. La nouvelle rédaction de l'article 24 ajoute à cette énumération et étend les prévisions législatives à la provocation au vol ou à l'un des crimes prévus par l'article 435 du Code pénal.

50. Ce dernier article, modifié par la loi du 2 avril 1892, punit « tous ceux qui auront détruit volontairement en tout ou en partie ou tenté de détruire, par l'effet d'une mine ou de toute autre substance explosible, les édifices, habitations, digues, chaussées, navires, bateaux, véhicules de toutes sortes, magasins ou chantiers, ou leurs dépendances, ponts, voies publiques ou privées et généralement tous objets mobiliers ou immobiliers de quelque nature qu'ils soient ». Il assimile, à la tentative de meurtre prémédité, « le dépôt, dans une intention criminelle, sur une voie publique ou privée, d'un engin explosif ». Cette extension du régime de la provocation non suivie d'effet, a donné lieu, dans le rapport présenté au Sénat, à une observation qui nous paraît justifiée. De même qu'avant la réforme, peut-être surabondante de l'article 435 [1], on a cru pouvoir exercer des poursuites contre les auteurs d'explosions par l'emploi de la dynamite, de même on aurait pu, en se fondant sur des arguments du même ordre, soutenir que la provocation à cette nouvelle nature d'attentats est comprise implicitement dans la provocation au meurtre ou à l'incendie, qui en sont les conséquences directes et le but intentionnel ».

51. L'addition aux provocations punissables de la provocation au *vol* a été discutée. Elle soulève, en effet, deux objections.

La loi de 1881 avait précisé, autant qu'il était possible de le faire, les cas où la provocation devenait, par elle-même et indépendamment de ses suites, dangereuse et coupable, et, par une gradation qu'elle croyait sage, elle s'était efforcée de tenir compte du caractère indécis des manifestations qu'elle entendait punir. C'est ainsi qu'elle avait laissé sans répression la provocation à commettre un *délit*, quel qu'il fût. La loi de 1893 apporte donc, à ce point de vue, une grave dérogation aux principes qui

[1] C'était l'opinion que nous avions exprimée dans notre *Traité*, t. V, n° 624.

ont servi de base à la loi de 1881, car le nouvel article 24 vise la provocation au *vol* d'une manière générale, sans distinction entre le *vol qualifié* qui constitue un crime, et le *vol simple* qui n'est qu'un délit. D'un autre côté, en érigeant en délit la provocation au vol, n'est-il pas à craindre qu'on entrave la discussion doctrinale du principe de la propriété, principe qui doit être, comme tous les autres, livré aux controverses de la presse? Lors de la présentation du projet de 1892 qui n'a pas abouti, le rapporteur au Sénat, M. Trarieux, s'en expliquait en ces termes : « Sans doute, on a raison de ne pas vouloir limiter la faculté de mettre en question les principes d'ordre général sur lesquels la société repose; mais autre chose est d'attaquer, en théorie, la propriété privée et de réclamer des réformes sociales, qui, pour sembler chimériques, n'en sont pas moins discutables; autre chose est d'exciter, d'une manière positive, à la violation du droit pénal, garantie nécessaire de la sécurité des citoyens. En frappant le vol, le Code pénal n'a pas cru faire obstacle aux conceptions les plus hardies du socialisme; frapper la provocation au vol, ne sera pas davantage y porter atteinte ». Au temps où les attaques contre le principe de la propriété (délits aujourd'hui abrogés) étaient réprimées, une pareille crainte n'eut pas été vaine. Aujourd'hui, elle manquerait de sincérité.

52. Cette double modification dans l'incrimination est-elle suffisante? Nous ne le pensons pas. Le système de la loi de 1881 sur la provocation contient trois restrictions que la législation antérieure, plus prévoyante, n'avait pas admise. Et il importerait, à notre avis, dans un intérêt évident de défense sociale, de rétablir les barrières traditionnelles, imprudemment enlevées en 1881. Mais la loi du 12 décembre 1893, ni celle du 28 juillet 1894 n'ont paru y songer.

a) Le Code pénal constitue le point fixe en deçà et au delà duquel tout est socialement permis ou tout est socialement interdit. Il représente le *minimum d'exigence de la moralité sociale.* On ne comprend donc pas qu'il puisse être licite d'exciter publiquement à commettre un acte réprimé par la loi pénale. La provocation au *crime* ou au *délit,* quel qu'il soit, n'est pas un fait d'une nature variable et double, que l'on puisse, suivant les cas, ranger dans la catégorie des actes ou dans celle des doctrines. C'est un fait dangereux, puisqu'il a pour but d'entraver l'application des lois de sécurité sociale, qui servent de sanction à toutes les autres, en excitant à les violer. Aussi, la restriction, à certains crimes ou délits, de la provocation punissable, nous a toujours paru un système imprudent et imprévoyant. L'on peut aggraver la peine lorsque la provocation s'applique à des actes particulièrement dangereux, tels que le meurtre, l'incendie, l'explosion; mais on doit punir toute provocation à l'exécution d'un crime ou d'un délit. Le régime du « champ réservé » en matière d'excitations coupables est une des œuvres les plus détestables de la loi de 1881. L'article 12 de la loi du 17 mai 1819 déclarait, au contraire, punissable la provocation à toute action qualifiée *crime* ou *délit*. Si la provocation était suivie d'*effet,* son auteur était considéré et puni comme complice du crime ou du délit; la provocation qui n'était suivie d'*aucun effet* constituait un délit spécial, et la peine était plus ou moins sévère selon que la provocation avait eu pour objet un crime ou un délit. C'est un régime que nous verrions rétablir sans regret. Il existe dans un grand nombre de législations européennes.

b) La législation française ne subordonnait pas davantage, antérieurement à 1881, la répression de la provocation, soit comme acte de complicité, soit comme délit *sui generis,* à la condition qu'elle fût *directe*. La loi sur la presse du 29 juillet 1881 exige cette condition, qui a été maintenue par la loi du 12 décembre 1893. Mais cette dernière loi punit, tout au moins, une forme de provocation indirecte : c'est l'*apologie du crime;* et il ressort des travaux préparatoires que si celle-ci est réprimée, c'est comme constituant une espèce de provocation. Pourquoi, dès lors, ne s'est-on pas décidé à punir les autres provocations indirectes? Il y a bien d'autres formes d'excitations indirectes au meurtre, à l'incendie, à l'explosion, etc., que l'apologie de ces mêmes faits, et ces formes de provocation indirecte peuvent présenter un caractère tout aussi dangereux. Aussi y a-t-il presque unanimité, à cet égard, dans les législations criminelles. En Allemagne, en Italie, en Suisse, en Danemark, en Hollande, on n'établit aucune distinction entre la provocation directe et la provocation indirecte. Un seul pays, avec la France, fait exception, c'est la Belgique. Dans ce pays, la loi du 25 mars 1891 rend définitives et permanentes, en les étendant dans une certaine mesure, les dispositions de la loi du 23 août 1887, relatives à la provocation non suivie d'effet à commettre des crimes ou certains délits, dispositions édictées seulement pour trois ans. Mais la loi belge ne punit que la provocation à la fois *méchante* et *directe*.

La loi française du 28 juillet 1894 sur les menées anarchistes, qui attribue aux tribunaux correctionnels la connaissance des délits de provocation ayant pour but un acte de propagande anarchiste, n'a apporté aucune modification aux éléments constitutifs du délit. Pour être punissable, ainsi que le rappelle la circulaire du ministre de la justice du 6 août 1894, la provocation au vol, au pillage, à l'incendie, etc., devra, dans le cas où elle sera déférée au tribunal correctionnel, avoir été directe, comme dans le cas où elle sera déférée à la cour d'assises. C'est un point sur lequel nous reviendrons.

c) Cette imprévoyance en a entraîné une autre. La provocation, suivie on non d'effet, n'est punissable, d'après les articles 23 et 24 de la loi de 1881, qu'autant qu'elle s'est produite par la parole ou par l'écrit, mais non quand elle s'est manifestée par des *dessins, gravures, peintures* ou *emblèmes*. Le motif en est que, dans ce dernier cas, la provocation ne peut être qu'*indirecte;* or, d'après le système de la loi de 1881, la provocation indirecte n'était jamais punissable. Il n'en est plus de même, aujourd'hui, puisque l'une des formes de l'approbation indirecte, l'apologie, est assimilée à la provocation, et l'on concevrait que, dans l'hypothèse prévue par le § 3 du nouvel article 24, c'est-à-dire dans le cas d'apologie des crimes de meurtre, de pillage, etc., l'incrimination fut étendue au cas où le moyen employé consiste dans des *dessins, gravures, peintures* ou *emblèmes*. S'il vous est tombé sous les yeux quelques numéros d'un journal anarchiste illustré, le *Père Peinard,* par exemple, vous avez certainement trouvé, à chaque page, l'*apologie par l'image* des crimes de meurtre, de pillage, d'incendie.

Pourquoi ce fait n'est-il pas punissable comme l'apologie par l'écrit? Et, cependant, cette extension de la répression ne paraît pas possible, en présence des termes du texte, qui suppose expressément que l'apologie a été faite *par l'un des moyens énoncés en l'article 23,* sans se référer à l'article 28, § 2, où se trouve prévue la publication par dessins, gravures, peintures, emblèmes ou images. Les auteurs de la loi du 28 juillet 1894 n'ayant pas songé à combler cette lacune, il est certain que les provocations et apologie, effectuées à l'aide de ce mode de publication, ne peuvent tomber sous le coup des articles 24 et 25, même quand elles présentent un caractère anarchiste.

Mais ce mode particulier de réaliser la provocation ou l'apologie dans un but de propagande anarchiste nous paraît maintenant punissable en vertu de l'article 2 de la loi du 28 juillet 1894, qui réprime toute excitation, par provocation ou apologie, au vol, au meurtre, au pillage et à l'incendie, et aux crimes prévus par l'article 435 du Code pénal, ainsi que toute provocation adressée aux militaires, pour les détourner de leurs devoirs, quand ces excitations se réalisent en dehors des cas visés par l'article précédent, c'est-à-dire en dehors des conditions de publicité exigées par l'article 23 de la loi du 29 juillet 1881. Et, dans cette opinion, la provocation par images, dessins ou emblèmes, adressée à des militaires pour les détourner de leurs devoirs, serait atteinte par les dispositions du § 4 de l'article 2 de la loi du 28 juillet 1894, alors même qu'elle n'aurait pas le caractère d'un acte de propagande anarchiste.

53. Quoi qu'il en soit de ces lacunes, le § 3 du nouvel article 24 a fait, ainsi que nous l'avons dit, une brèche aux principes de la loi de 1881, en punissant l'*apologie* des crimes ou délits visés dans le § 1. En effet, l'apologie d'un crime ne peut constituer qu'une provocation *indirecte* à commettre ce crime; or, l'article 24 de la loi de 1881, de même que l'article 23, ne visait que la provocation *directe*. Il en était autrement sous l'empire des législations antérieures. La loi du 17 mai 1819, qui réprimait la provocation à commettre des faits qualifiés crimes ou délits, sans exiger qu'elle fût directe, atteignait, par là même, l'apologie de ces faits. La loi du 27 juillet 1849 contenait, du reste, une disposition formelle en ce sens (art. 3) : « Toute attaque contre le respect dû aux lois et à l'inviolabilité des droits qu'elles ont consacrés, toute *apologie* de faits qualifiés crimes ou délits par la loi pénale, sera puni d'un emprisonnement d'un mois à deux ans et d'une amende de 16 à 1,000 francs ». La loi de 1893 consacre donc un retour à la législation antérieure à 1881, avec cette différence, toutefois, qu'elle ne réprime l'apologie qu'autant que celle-ci a pour objet certains crimes ou délits spécialement déterminés. L'exposé des motifs explique cette mesure par l'assimilation de l'apologie à la provocation : « La provocation n'est punie actuellement qu'autant qu'elle est directe. L'apologie des crimes ci-dessus spécifiés échappe à toute sanction pénale. La loi laisse ainsi la société sans défense contre des excitations qui constituent un danger social au même titre et au même degré que la provocation directe. Qu'est-ce, en effet, que l'apologie d'un attentat comme le meurtre, le pillage, l'incendie, la destruction d'un édifice à l'aide d'engins explosifs, etc., sinon *la provocation au renouvellement d'actes de même nature?* Produisant les mêmes effets, elle doit exposer ceux qui s'en rendent coupables à la même répression ».

Faire l'apologie d'un crime, c'est représenter des actes criminels comme louables et méritoires. Cette manifestation d'opinion est une provocation indirecte, non moins dangereuse que la provocation directe, et incriminée à ce titre. Elle trouble et égare les consciences, fait voir comme légitime ce qui est illégitime, apprend à se révolter contre la loi, fait considérer les coupables comme des victimes.

L'apologie se présente sous deux formes bien distinctes : tantôt, l'apologie est *abstraite,* c'est-à-dire sans application à tel acte déterminé : par exemple, on glorifie l'assassinat, le pillage, la destruction ; tantôt, l'apologie est *concrète;* elle s'applique soit à tel acte, soit à tel criminel ; on glorifie l'attentat de Barcelone, ou bien Ravachol, Vaillant, etc. Dans le premier cas, il s'agira toujours, pour apprécier l'article ou le discours apologétique, de tenir compte de l'intention de l'inculpé et il ne faudra pas confondre la glorification d'une simple théorie sociale d'ordre et d'économie politiques, avec la glorification des crimes commis au nom de cette théorie[5]. Dans le second, le fait même d'avoir approuvé un crime déjà commis constituera, quel que soit le mobile, le délit d'apologie. Il ne s'explique pas autrement.

Le délit d'apologie publique n'existe, du reste, qu'à deux conditions : 1° Il faut qu'il s'applique à l'un des faits prévus par le § 1 de l'article 24, meurtre, pillage, incendie, vol, etc. C'est ainsi que l'apologie des crimes contre la sûreté de l'État n'est pas punissable. Si l'on rapproche l'un de l'autre, les §§ 1 et 3 de l'article 24, on voit, en effet, que la loi du 12 décembre 1893 n'a pas fait figurer les attentats contre la sûreté de l'État parmi ceux dont l'apologie est punissable, et il est permis de le regretter, car la glorification de la trahison ou de la guerre civile est aussi dangereuse que celle de l'assassinat ou du vol. Il y a donc là une omission; mais qu'elle soit volontaire, ou involontaire, l'apologie de tels actes échappe à la répression. 2° Il faut que l'apologie se réalise par l'un des moyens énoncés en l'article 23 de la loi du 29 juillet 1881. Or, il y a deux procédés qui n'y figurent pas : les *chants* et les *images, dessins, gravures, peintures* ou *emblèmes*. — Les *chants*, les plus incendiaires, les plus anarchistes, proférés dans des lieux ou réunions publics, ne pourront pas plus contribuer à former le délit d'apologie que celui de provocation publique[6]. Mais les *cris* étant compris parmi les moyens de commettre la provocation, sont également incriminés lorsqu'ils contiennent une apologie punissable. — Les *images* et *emblèmes* ne figurent pas non plus parmi les moyens de commettre une provocation ou une apologie. Mais en supposant un drapeau, un emblème, une image

[5] Il a été notamment décidé que les cris de « vive l'anarchie, vive Ravachol, vive Vaillant », proférés publiquement par une personne, en vue non de manifester ses sympathies pour une théorie, mais de glorifier les crimes de meurtre commis au nom de l'anarchie et de la révolution sociale, ne constituaient pas seulement le délit de cris séditieux, mais en réalité le délit d'apologie du crime de meurtre : Toulouse, 19 janv. 1894 (D. 94. 2. 80; S. 94. 2. 60).

[6] Toutefois, les chansons anarchistes, chantées publiquement, ne reste-

anarchiste, exhibés publiquement et portant des inscriptions ou des légendes, telles que « vive Ravachol », « vive Vaillant », « vive l'anarchie », « mort aux bourgeois », nous n'hésitons pas à dire que la répression serait possible, car, dans cette hypothèse, l'apologie aurait lieu, non par le drapeau, l'image ou l'emblème, mais par l'inscription ou la légende dont le texte contiendrait la provocation ou l'apologie.

54. Les peines, prononcées par l'article 24, consistaient dans un emprisonnement de trois mois à deux ans et une amende de 100 à 3,000 francs. Ces peines avaient été maintenues sans modification dans le premier projet de 1892. La loi de 1893 augmente la durée de l'emprisonnement, dont elle fixe le minimum à un an et le maximum à cinq ans. Le taux de l'amende n'est pas modifié.

55. Le nouvel article 25 est ainsi conçu : « Toute provocation, par l'un des moyens énoncés en l'article 23, adressée à des militaires des armées de terre ou de mer, dans le but de les détourner de leurs devoirs militaires et de l'obéissance qu'ils doivent à leurs chefs dans tout ce qu'ils commandent pour l'exécution des lois et règlements militaires, sera punie d'un emprisonnement de un à cinq ans et d'une amende de 100 à 3,000 francs ». La seule modification apportée par la loi de 1893 à l'article 25 consiste dans une aggravation des pénalités, aussi bien celle de l'amende que celle de l'emprisonnement, aggravation destinée à mettre au même plan les faits prévus par l'article 25 et ceux prévus par l'article 24.

On remarquera que, à la différence de la provocation au meurtre, au pillage, à l'incendie, etc., il est inutile que la provocation des militaires à la désobéissance soit *directe*. « *Toute* provocation », dit l'article 25. La loi n'exige donc pas qu'elle

ront pas impunies lorsqu'elles auront un caractère *séditieux :* en ce cas, elles tomberont sous le § 4 de l'article 23 de la loi du 29 juillet 1881. Mais, d'une part, le délit n'encourra que la peine légère de six jours à un mois d'emprisonnement et de 16 à 500 francs d'amende; et, d'autre part, il sera toujours de la compétence de la cour d'assises, l'article 1er de la loi du 28 juillet 1894 étant inapplicable aux chants séditieux. Nous revenons plus loin sur cette anomalie.

ait pour but d'exciter les militaires à la désobéissance sur un fait spécial, déterminé; il suffit qu'elle tende à les détourner de leurs devoirs et de l'obéissance qu'ils doivent à leurs chefs.

56. La loi du 29 juillet 1881, s'écartant de la législation antérieure, avait réduit les pouvoirs du juge d'instruction en ce qui concerne les mesures préventives qui peuvent être prises par ce magistrat au cas d'information préalable, soit à l'égard de l'écrit incriminé, soit contre la personne de l'inculpé. *a*) Aux termes de l'article 49, la saisie n'était possible, après le réquisitoire du Procureur de la République, qu'en cas d'omission du dépôt prescrit par les articles 3 et 10, et elle ne pouvait porter que sur quatre exemplaires de l'écrit, du journal ou du dessin incriminé. Après la condamnation seulement, l'article 49 autorisait « la saisie ou la suppression ou la destruction de tous les exemplaires qui seraient mis en vente, distribués ou exposés au regard du public ». *b*) Quant à l'arrestation préventive, elle ne pouvait avoir lieu que si le prévenu n'était pas domicilié en France, sauf le cas de crime, c'est-à-dire au cas où il s'agissait d'une provocation à un crime, suivie d'effet, et tombant sous le coup de l'article 23.

Ces deux restrictions, dans leur application aux provocations anarchistes, avaient le plus déplorable effet.

Avec la première, le parquet éprouvait des difficultés pour arrêter la propagande, parce que l'article incriminé n'était pas saisi et détruit. Avec la seconde, la répression n'était pas assurée, puisque le coupable avait la faculté de se soustraire à la justice. Le condamné qui, s'il était domicilié en France, n'avait pu être arrêté préventivement, sauf en cas de crimes, pouvait se pourvoir en cassation sans se mettre en état (art. 61). Il profitait généralement de ce délai pour s'enfuir et passer la frontière. Le coupable bénéficiait ainsi d'une situation privilégiée : il acceptait les débats, profitait de la publicité du procès pour se mettre en vue, faire étalage de ses doctrines, se poser en martyr de ses convictions. Toutes ces démonstrations ne demandaient point, en somme, grand courage : au sortir de l'audience où il avait écouté, le front haut, sa condamnation, il prenait le train pour Genève ou Bruxelles, et la justice était jouée. Cette tactique, au succès de laquelle les tribunaux ont souvent assisté impuissants et désarmés, sera désormais mise en défaut par les dispositions très prévoyantes de la loi de 1893. Ces dispositions sont la reproduction textuelle de celles que renfermait, sur le même point, le premier projet, déposé le 19 mai 1892. Elles ont, — et on peut s'en étonner, — soulevé, au sein de la Chambre des députés, surtout en 1892, de sérieuses objections. On a représenté les dangers que courrait la liberté de la parole et de la presse, si la saisie et l'arrestation préventives pouvaient s'exercer sous le prétexte d'écarts de langage ou de plume, dont l'appréciation délicate serait livrée aux agents de la police judiciaire. Mais le Parlement a maintenu et adopté le projet.

Le nouveau texte permet, dans les cas prévus par les articles 24, §§ 1 et 3, et 25[7], de procéder à la saisie des écrits ou imprimés, des placards ou affiches, conformément aux règles édictées par le Code d'instruction criminelle; il autorise, dans les mêmes cas, la confiscation, après condamnation, des écrits ou imprimés, placards ou affiches saisis.

D'un autre côté, l'arrestation est possible : 1° dans tous les cas prévus par l'article 23, c'est-à-dire même lorsque la provocation suivie d'effet a pour objet un délit; 2° dans les hypothèses visées par les articles 24, §§ 1 et 3, et 25.

57. L'ancien article 24 de la loi du 29 juillet 1881 confondait, dans une seule et même catégorie, toutes les provocations aux crimes contre la sûreté de l'État énumérés aux articles 75 à 101 du Code pénal. Le législateur a cru devoir établir, comme le fait

[7] On remarquera que la saisie préventive n'est autorisée que dans les cas prévus par les articles 24, §§ 1 et 3, et 25, et que le texte ne l'autorise pas expressément dans les cas prévus par l'article 23. Est-ce là une omission, certainement involontaire, dont la conséquence doive être que la saisie n'est pas possible quand il s'agit de la provocation suivie d'effet à un crime ou à un délit? La solution dépend d'une question préliminaire, à savoir si la poursuite dirigée contre le provocateur constitue un *procès de presse*, auquel il faut appliquer, non les règles du droit commun, mais les règles spéciales de fond et de forme, édictées par la loi du 29 juillet 1881. Dans ce sens, voy. mon *Traité du droit pénal français*, t. II, p. 417; Dall., *Juris. génér.*, *Suppl.*, v° *Presse*, *Addit. compl.*, p. 750, n° 20.

le Code pénal, une distinction entre les attentats à la sûreté *extérieure*, visés par les articles 75 à 85 (port d'armes contre la France, intelligence avec l'ennemi, etc.), et les crimes contre la *sûreté intérieure* (complots ayant pour but de changer la forme du gouvernement, emploi illégal de la force armée, etc.), qui font l'objet des articles 86 à 101. Le motif qui en a été donné, c'est le caractère incontestablement politique des infractions appartenant à la deuxième catégorie[8]. Aussi le législateur a-t-il pris soin d'écarter, en ce qui les concerne, l'application des mesures exceptionnelles (saisie préalable, arrestation préventive et confiscation), édictées par le nouvel article 49.

§ IX. — LA LOI DU 28 JUILLET 1894, SUR LES MENÉES ANARCHISTES. SON CARACTÈRE GÉNÉRAL[1].

58. Appréciation générale sur la loi de 1894. Ses vices sont plutôt extrinsèques. — 59. Résumé de ses dispositions. — 60. Caractère mixte de la loi de 1894.

58. La loi du 28 juillet 1894 marque le dernier terme dans l'évolution législative de la répression contre les anarchistes. Aucune loi n'a été plus discutée; aucune n'a été plus attaquée. Les socialistes l'ont qualifiée de *loi scélérate;* les radicaux l'ont assimilée à la *loi de sûreté générale* de l'empire. Le public français ne s'est pas laissé égarer par ces déclamations : il a compris que les dispositions prises étaient nécessaires, qu'elles étaient salutaires. Mais, à l'étranger, on a pu croire un moment, en face d'un déchaînement inouï de violences, qu'il s'agissait de quelque « œuvre monstrueuse de réaction », uniquement inspirée par la peur[2]. Depuis, les colères paraissent bien calmées,

[8] Voy le procès-verbal de la séance du 19 janvier 1893, *Journ. off., Annexes*, p. 61.

§ IX.[1] Bibliographie : Lefrançois, *Loi du 28 juillet 1894*, Paris, 1894 (Extrait des *Lois nouvelles*).

[2] Ainsi je lisais dans le *Journal des tribunaux* de Bruxelles (n° 1077), qui reproduisait le projet du gouvernement : « Voici la monstrueuse loi d'exception proposée aux Chambres françaises. Bénissons le sort : en Belgique, elle serait la violation flagrante de nos libertés constitutionnelles. Vraiment, semble-t-il, il n'existe, dans aucune nation de race européenne, quelque

et le temps a suffi pour mettre toute chose au point. En effet, telle qu'elle est sortie des discussions ardentes et passionnées de la Chambre, la loi de 1894 se borne à débarrasser les cours d'assises des délits de provocations et apologies criminelles ayant un but de propagande anarchiste et à réprimer le prosélytisme secret quand il tend à inciter au meurtre, à l'incendie, au vol, etc. La loi nouvelle ne crée donc pas, comme on l'a prétendu, de délits vagues et arbitraires; elle n'institue pas, pour en assurer la répression, des juridictions exceptionnelles. Les pays étrangers, qui nous ont précédé ou suivi dans la lutte législative contre l'anarchie, n'ont certainement pas éprouvé les scrupules très légitimes et très louables de notre Parlement. Ils ont frappé plus fort et peut-être moins juste. Car si on juge un arbre par ses fruits et une loi par ses résultats, l'effet comminatoire de celle qui nous occupe a été considérable, puisque la date du 28 juillet 1894 marque, en France, le commencement de la décadence de l'*anarchie violente.* Nous appropriant les paroles du rapporteur au Sénat, M. Trarieux, nous dirons : « La société veut vivre, et pour vivre, il faut qu'elle sache se défendre contre les dangers qui la menacent. Entre ceux qui comprennent ces nécessités constantes de tout gouvernement digne de ce nom, et ceux qui les nient ou les méconnaissent, nous ne pouvons hésiter à choisir ». Ce qui est surtout défectueux, dans la loi de 1894, comme dans la plupart des lois nouvelles, c'est la technique législative. Depuis quelques années, en France, le Parlement a pris la singulière habitude de voter des *lois de circonstance,* sous l'empire et l'émotion d'un événement récent, sans se préoccuper des dispositions antérieures. On aboutit, par ce procédé, à des incohérences et des contradictions qui font, de l'interprétation de certaines lois récentes, le triomphe de l'illogisme et de l'inattendu. En veut-on un exemple? Nous ne le chercherons pas bien loin.

Au cours de la discussion de la loi de 1894, un député a interrogé le gouvernement au sujet de la législation des chansons.

chose de plus amoindri, de plus craintif, de plus abominablement réactionnant que ces 3,000 individus, députés, banquiers, journalistes, qui détiennent actuellement le pouvoir en France ».

Il y a des chansons anarchistes, quelques-unes même célèbres. Dans quels cas tomberont-elles sous le coup de la loi? Le garde des sceaux l'a expliqué de la manière la plus nette, mais, en même temps, la plus imprévue. La même chanson, suivant qu'elle sera chantée en public ou en comité privé, sera passible, dans le premier cas, des lois antérieures, et, dans le second, de la loi nouvelle. Le chanteur public ira devant la cour d'assises, si la chanson est séditieuse, il sera condamné à quelques jours de prison; le chanteur à huis-clos ira devant le tribunal correctionnel et il pourra encourir la relégation. Quand la Chambre a entendu énoncer cette énormité, elle avait, depuis longtemps, renoncé, sans doute, à comprendre, car elle a consacré un système aussi incohérent, et ne s'est pas donnée la peine de reprendre d'ensemble la législation sur la propagande anarchiste pour la coordonner.

59. Les dispositions de la loi du 28 juillet 1894 peuvent être groupées autour des idées suivantes :

1° Elles consacrent d'abord un changement de juridiction pour les infractions prévues par les articles 24, §§ 1 et 3, et 25 de la loi sur la presse du 29 juillet 1881, modifiés par la loi du 12 décembre 1893. Désormais, les *provocations directes, publiques, non suivies d'effet*, et les *apologies* assimilées à ces provocations, seront déférées aux tribunaux correctionnels, quand elles auront *pour but un acte de propagande anarchiste* (art. 1er);

2° Puis, elles créent deux délits de police correctionnelle nouveaux, n'exigeant aucune condition de publicité : l'*incitation* à commettre certains actes, *dans un but de propagande anarchiste,* lorsqu'elle se réalise par *provocation* ou par *apologie;* la *provocation* adressée à *des militaires,* dans le même but ou dans tout autre but, pour les détourner de leurs devoirs d'obéissance (art. 2);

3° Ces dispositions donnent aux tribunaux la faculté de prononcer la *relégation,* à titre de peine complémentaire, dans les cas spécifiés aux articles 1 et 2 (art. 3);

4° L'*emprisonnement individuel* est édicté par l'article 4, pour toute condamnation prononcée, soit en vertu des dispositions de la loi du 28 juillet 1894, soit des deux lois portant la date du 18 décembre 1893 (art. 4) ;

5° Enfin, les tribunaux sont autorisés, dans le cas où le fait poursuivi a un caractère anarchiste, à interdire, en tout ou en partie, la reproduction des débats, en tant que cette reproduction pourrait présenter un danger pour l'ordre public (art. 5).

Toutes les dispositions que nous venons d'analyser convergent ainsi vers un but unique : arrêter la propagande anarchiste, même lorsqu'elle se produit en dehors des conditions de publicité spécifiées par la loi sur la presse. M. Bérenger, devant le Sénat, a cru devoir critiquer, en quelques mots, la sanction et le principe de ce système de législation. Sans doute, a-t-il dit, il est un genre de provocations qui fuit d'ordinaire la publicité et qu'il faut, même quand elle agit dans l'ombre, pouvoir atteindre et réprimer; c'est celle qui s'adresse aux militaires pour les détourner de leurs devoirs. Mais, en dehors de cette hypothèse particulièrement grave, quand la provocation ou l'apologie sont, pour ainsi dire, indéterminées, quand l'expression de la pensée conserve un caractère intime, l'intervention de la loi pénale est blâmable, parce qu'elle compromet, sans motif, la *sécurité de la vie privée*. Mais ces scrupules de l'honorable sénateur, dont la compétence est si universellement appréciée, nous paraissent excessifs. Aucun criminaliste ne conteste que la provocation criminelle ne soit un *acte* et non l'expression pure et simple d'une *opinion*. La *publicité* de la provocation est un *élément aggravant* de cet acte, à raison du nombre indéfini de ceux qui peuvent être incités au crime et de l'indétermination même de ceux auxquels elle s'adresse. Mais, nous ne saurions trop le répéter, *ce n'est pas la publicité qui fait le délit;* la publicité est seulement un *moyen* de le commettre et de l'aggraver. Par suite, l'incrimination de la provocation doit être indépendante de cette circonstance. Ce que l'on doit exiger, c'est, d'une part, que la provocation ne puisse être confondue avec l'expression d'une opinion, même dangereuse; c'est, d'autre part, que la preuve du délit, commis clandestinement, soit rigoureusement exigée et absolument rapportée. La loi de 1894 nous donne satisfaction à ces deux points de vue. Les dispositions qui se proposent d'atteindre les faits de propagande anarchiste, accomplis en dehors des conditions de publicité spécifiées par l'article 23 de la loi sur la presse, déterminent le délit nouveau par une définition qu'il était difficile de rendre plus précise. Uniquement dirigées contre les partisans de la propagande par le fait, contre les théoriciens des attentats anarchistes, elles ne sauraient menacer ceux qui n'ont recours qu'aux moyens légaux pour faire triompher leurs opinions, quelque détestables qu'elles soient. D'un autre côté, certaines précautions ont été prises dans le but d'empêcher les dénonciations calomnieuses ou légères et de renforcer la preuve. Le danger du témoignage unique de la prétendue victime de l'incitation punissable est heureusement paralysé.

60. Avant d'aborder l'examen des diverses dispositions que nous venons de résumer et d'apprécier, une recherche préliminaire s'impose. La loi du 28 juillet 1894 se rattache-t-elle au *régime de la presse* et doit-elle prendre place parmi les lois qui ont le caractère de lois de presse? A ce point de vue, plus la discussion se développait devant la Chambre, plus il était difficile de bien saisir la pensée du gouvernement. Le président du Conseil, a lu, à la tribune, quelques articles de journaux, afin de montrer la nécessité de la loi. Mais d'abord, ceux qu'il a lus avaient été poursuivis en vertu des lois existantes; et il a mis, plus tard, une grande insistance à déclarer que le projet de loi ne visait pas la presse. S'il ne vise pas la presse, pourquoi l'avoir justifié par la lecture des articles de journaux, et, s'il la vise, pourquoi ne l'avoir pas dit courageusement. On aurait su, au moins, à quoi s'en tenir. Ce n'est pas, au point de vue juridique tout au moins, une querelle de mots. On sait que le droit de la presse s'écarte du droit commun et constitue un régime privilégié. Sans doute, parmi les règles spéciales à la presse, introduites ou conservées par le législateur de 1881, celles qui se rapportent à la compétence de la juridiction, à la prohibition de la saisie et de la détention préventives ont perdu une partie de leur importance depuis les réformes de ces dernières années. Ainsi, la loi du 16 mars 1893 a correctionnalisé, au point de vue de la juridiction, l'offense envers les Chefs d'États étrangers et leurs représentants en France. Celle du 12 décembre de la même année, entre autres innovations, autorise la saisie préalable et l'arrestation préventive dans les cas prévus par l'article 24, §§ 1 et 3, et dans celui de l'article 25.

Néanmoins, l'intérêt de la distinction subsiste, notamment en ce qui concerne la responsabilité pénale, la procédure, la prescription, la récidive, les circonstances atténuantes. Ceci indiqué, la question ne peut être résolue que par une distinction. La loi de 1894 modifie la législation de la presse dans une partie de ses dispositions : elle s'incorpore donc, pour cette partie, au régime de la presse. Mais, dans une autre partie, la loi de 1894 est une loi de droit commun qui doit se compléter par le Code pénal et le Code d'instruction criminelle. Le départ de ses dispositions est, à ce point de vue, très simple.

L'article 1er de la loi de 1894, qui vise la propagande anarchiste réalisée par les moyens de publicité spécifiés à l'article 23 de la loi sur la presse du 29 juillet 1881, n'est qu'un paragraphe additionnel, qu'un *appendice* des lois de 1881 et de 1893. Il doit donc être incorporé au Code de la presse, c'est-à-dire à la loi du 29 juillet 1881.

Mais l'article 2, qui crée un délit nouveau, ayant précisément ce caractère négatif de ne pas pouvoir être commis par l'un des modes de publicité spécifiés à l'article 23 de la loi de 1881, introduit, dans le droit commun, une incrimination dont les conditions générales ne peuvent être complétées que par l'ensemble des dispositions réglant les matières criminelles.

Ainsi, la loi de 1894 a un *caractère mixte,* qui explique les confusions qui se sont produites dans la discussion, lorsqu'il s'est agi de la caractériser.

§ X. — DE LA PROPAGANDE ANARCHISTE RÉALISÉE PAR LES MOYENS DE PUBLICITÉ SPÉCIFIÉS A L'ARTICLE 23 DE LA LOI SUR LA PRESSE.

(L. 28 juillet 1894, art. 1.)

61. Changement de juridiction. Évolutions du texte. — 62. Quels ont été les motifs de ce changement de juridiction. — 63. A quelles conditions le tribunal correctionnel devient-il compétent. — 64. Il faut, d'abord, qu'il s'agisse d'un des délits spécifiés. Provocation aux crimes contre la sûreté intérieure de l'État. Cris et chants séditieux. — 65. Il faut, ensuite, que les faits de provocation ou d'apologie aient pour but un acte de propagande anarchiste. Ce qu'on entend par là. — 66. Question de compétence. — 67. Les délits de provocation ou d'apologie publiques, dans un but de propagande anarchiste, restent soumis, à tous autres égards, au régime de la loi sur la presse.

61. La réforme la plus contestable de la loi de 1894 est la substitution du tribunal correctionnel à la cour d'assises pour connaître des délits de propagande anarchiste, *par les modes de publicité spécifiés dans la loi sur la presse*. Il y a là une disposition dont il importe de suivre l'évolution à travers les travaux préparatoires.

L'article 1er du projet présenté par le gouvernement était ainsi conçu : « Les infractions prévues par les articles 24 et 25 de la loi du 29 juillet 1881, modifiés par la loi du 12 décembre 1893, sont déférées aux tribunaux de police correctionnelle ». Dans ce système, d'une part, il n'y avait pas à distinguer le but que se proposait le provocateur, il n'y avait pas à distinguer non plus suivant que le crime auquel s'appliquait la provocation avait ou non un caractère politique[1]. Le changement de compétence était motivé, dans l'exposé des motifs, sur ce que, « en

§ X. [1] Notamment, les provocations à commettre l'un des crimes contre la sûreté intérieure de l'État, prévus par les articles 86 à 101, devaient être déférées au tribunal correctionnel. Il en était de même des cris ou chants séditieux proférés dans des lieux ou réunions publics. Si, comme l'a fait soutenir le gouvernement, cette double méprise devait être mise sur le compte d'une légèreté de rédaction, il faudrait regretter que de telles erreurs pussent se commettre dans la préparation des lois de cette importance. Le discours de M. Brisson (*Annexes*, p. 1355), a fait, du reste, justice de ces explications plus commodes que sincères.

cette matière, une répression rapide est seule efficace ». On ajoutait, dans les journaux favorables : La question de juridiction pourrait faire difficulté s'il s'agissait de délits de presse ou d'opinion; mais il s'agit de toute autre chose; il s'agit d'une préparation, d'un commencement d'attentat, d'une campagne de violences et de provocations systématiques au crime : encore une fois, ceci n'est plus de la presse, et, s'il est prouvé que la cour d'assises et le jury sont des instruments trop lents et trop lourds pour arrêter efficacement cette action criminelle de malfaiteurs publics, il ne faut pas hésiter à faire appel à d'autres juridictions.

La commission de la Chambre fit subir au projet une première modification. Elle proposa d'excepter, des infractions renvoyées à la police correctionnelle, la provocation aux *attentats contre la sûreté intérieure de l'État,* provocation qui devait rester soumise au jury, à raison du caractère politique qu'elle peut revêtir. Cette distinction fut faite par l'addition aux mots « les infractions prévues par l'article 24 », de la mention « §§ 1 et 3 »; ainsi se trouvait excepté, par voie de prétérition, le § 2, qui concernait les attentats contre la sûreté intérieure de l'État.

Par suite, le texte proposé à la Chambre était ainsi conçu : « Les infractions prévues par les articles 24, §§ 1 et 3, et 25 de la loi du 29 juillet 1881, modifiés par la loi du 12 décembre 1893, sont déférées aux tribunaux de police correctionnelle ». Il a été adopté avec une seule modification, mais une modification essentielle : elle a consisté dans l'adjonction de ces mots : « lorsque ces infractions ont eu pour but un acte de propagande anarchiste ». Rien, en effet, dans l'article 1er du projet soit du gouvernement, soit de la commission, ne limitait l'application du texte au cas où l'agent se proposait ce but tout spécial : la disposition était aussi générale que possible. L'expression « propagande anarchiste » apparaissait, pour la première fois, dans la disposition suivante. L'article 2 prévoit, en effet, le cas d'un individu qui, en dehors des conditions de publicité spécifiées par la loi sur la presse, fait acte de propagande anarchiste par des moyens quelconques, en préconisant des attentats contre les personnes ou les propriétés. D'où cette conclusion : le point de savoir à quel mobile avait obéi le prévenu de provocation présentait de l'intérêt quand la provocation rentrait dans les prévisions de l'article 2, c'est-à-dire quand elle était clandestine; car, en l'absence de ce mobile spécial, le délit n'était pas constitué, ce mobile formant un élément essentiel de l'incrimination. Au contraire, la question devenait indifférente lorsque la provocation non suivie d'effet était publique : dans ce cas, en effet, elle était toujours déférée au tribunal correctionnel. Il en est tout autrement avec le texte modifié par l'adoption d'un amendement de M. Bourgeois[1].

62. Tel qu'il est sorti de cette évolution, l'article 1er de la loi du 28 juillet 1894 a pour unique objet d'enlever au jury, pour les déférer aux tribunaux correctionnels, les délits prévus par les articles 24, §§ 1 et 3, et 25 de la loi sur la presse, modifiés par la loi du 12 décembre 1893, quand ces délits ont pour but un acte de propagande anarchiste.

Deux motifs ont été invoqués à l'appui de ce changement de compétence : 1° On a dit que ce n'était pas un sentiment de défiance contre le jury qui avait dicté cette disposition, mais la nécessité d'échapper aux lenteurs inévitables de la cour d'assises en une matière où la répression doit être rapide pour rester efficace; 2° On a ajouté que le changement de juridiction était un retour au droit commun, le tribunal correctionnel et non la cour d'assises étant juge des délits correctionnels.

Le motif de rapidité, indiqué par le gouvernement et la commission de la Chambre, est plus apparent que réel. Ne faudra-t-il pas compter, en effet, avec les exceptions d'incompétence et les incidents qu'on multipliera devant le tribunal correctionnel d'abord, devant la cour d'appel ensuite, pour retarder le dénouement? Ces incidents naîtront de la formule même dont dépend la compétence, « dans un but de propagande anarchiste ». Or, devant la cour d'assises, aucune exception d'incompétence ne peut être soulevée, la sentence est définitive. Le procès

[1] Cet amendement a subrepticement détruit l'intérêt que le gouvernement attachait à la réforme.

aurait donc été plus rapide si on eût conservé cette juridiction. Sans doute, la cour d'assises ne siège pas en permanence; mais la loi commune donne toujours la faculté de faire tenir une session exceptionnelle quand il y a urgence et que le délit poursuivi en vaut la peine. La seconde considération n'est pas meilleure : elle frise même le sophisme. Sans doute, les tribunaux correctionnels sont juges de droit commun des délits correctionnels; mais les cours d'assises, à raison de l'intervention du jury, sont également juges de droit commun des délits commis par la voie de la presse : en soustraire quelques-uns à leur juridiction, ce n'est pas rentrer dans le droit commun, mais s'en écarter. Et, sans examiner si la provocation non suivie d'effet n'est pas un délit de droit commun, ce que je suis disposé à croire, il est bien certain que, commise par la voie de la presse, elle devient, à raison de la publicité qui la caractérise, un délit de presse, justiciable d'un tribunal d'opinion.

Le véritable motif est celui qui n'a pas été donné. Par ce changement de juridiction, on compte obtenir une répression *plus sûre* et *plus égale*, et l'on espère ne plus voir des individus condamnés ici et acquittés ailleurs, pour des délits exactement semblables.

63. Pour déterminer la portée de ce changement de juridiction, il faut partir de cette double règle : 1° la compétence du tribunal correctionnel est strictement limitée aux cas prévus par les §§ 1 et 3 de l'article 24 et par l'article 25 de la loi du 29 juillet 1881, modifiés par la loi du 12 décembre 1893 ; 2° lorsque les délits prévus par ces textes ont pour but un acte de propagande anarchiste.

Nous allons reprendre et développer ces deux propositions.

64. Le changement de juridiction est d'abord limité aux délits spécifiés. D'où deux conséquences incontestables.

1° La provocation non suivie d'effet à l'un des *crimes contre la sûreté intérieure de l'État*, qui fait l'objet du § 2 de l'article 24, est toujours justiciable de la cour d'assises, encore qu'elle ait pour but un acte de propagande anarchiste. La loi nouvelle, en effet, par respect pour la liberté de discussion, a laissé, en dehors de ses prévisions, ce délit de provocation, à raison du caractère essentiellement et incontestablement politique du crime qu'il a en vue.

2° La loi du 28 juillet 1894 n'a visé d'aucune façon les *cris* et *chants séditieux,* punis par le dernier paragraphe de l'article 24. Les cris et chants séditieux, lors même qu'ils sont proférés dans un but de propagande anarchiste, restent donc soumis, en principe, à la juridiction de la cour d'assises. Nous avons seulement noté que les cris et chants, ayant pour but un acte de propagande anarchiste (qu'ils soient ou non séditieux, dans le sens attaché à ce mot par l'article 24 de la loi de 1881), pourraient être poursuivis devant les tribunaux correctionnels et réprimés en vertu de l'article 2 de la loi du 28 juillet 1894, quand, à raison des circonstances, ils présenteront le caractère d'une provocation à commettre les faits prévus par les articles 24, § 1, et 25 de la loi sur la presse ou d'une apologie des faits spécifiés par l'article 24, § 3, de la même loi, et *qu'ils n'auront pas été proférés dans les conditions de publicité spécifiées par la loi sur la presse.* C'est là une des conséquences les plus inattendues du procédé législatif que j'ai signalé plus haut.

65. Les *mêmes faits* de provocation ou d'apologie seront ou non de la compétence des tribunaux correctionnels, suivant qu'ils auront ou non pour but un acte de propagande anarchiste. L'article premier de la loi de 1894 ne soulève ainsi qu'une seule difficulté d'interprétation, qui se posera, sous forme de question de compétence, au début des poursuites exercées en vertu des articles 24, §§ 1 et 3, et 25 de la loi du 29 juillet 1881. La provocation ou l'apologie a-t-elle ou non pour but un acte de propagande anarchiste? Tel est, en effet, le point essentiel à résoudre pour déterminer la compétence. Mais qu'est-ce exactement qu'un but anarchiste? Qui pourra le dire? Qui en apportera une définition exacte? Plaignons les juges qui seront chargés de le fixer. Un malheureux commettra un vol qualifié, un incendie, un assassinat qui le conduira en cour d'assises. Un autre, dans une réunion publique ou dans un journal, commettra l'imprudence d'approuver l'acte coupable et de dire, par exemple, qu'une organisation sociale aussi révoltante que la nôtre, explique, justifie même de pareils excès : ce dernier sera-t-il traduit devant le tribunal correctionnel ou devant la cour d'assises? Cela dépendra du mobile qui l'aura déterminé. Nous sortons ainsi du domaine des *actes*, qui se définissent d'eux-mêmes, pour entrer dans le domaine des *intentions*, que l'on peut apprécier de tant de manières différentes. Aussi, M. le garde des sceaux, dans sa circulaire, qui est le meilleur commentaire de la loi et le plus sûr, n'a pas essayé de définir l'acte de propagande anarchiste. Il s'est contenté d'indiquer que « les magistrats instructeurs devront, en tenant compte tant des antécédents du prévenu que des circonstances mêmes de l'affaire, s'efforcer de dégager nettement le but poursuivi par l'auteur de l'infraction, de manière à déterminer, avec une certitude absolue, la juridiction qui devra en connaître ».

Comme il est impossible de laisser une règle de compétence incertaine, nous allons essayer, en nous inspirant des travaux préparatoires, de rechercher et de préciser les éléments d'où dépendra la détermination de la compétence.

a) C'est d'abord le but poursuivi par l'auteur même du délit de provocation ou d'apologie qu'il faut rechercher : il n'y a pas à s'inquiéter, notamment, du but poursuivi par le voleur, l'incendiaire, l'assassin, dont il aura fait l'apologie. C'est donc à la constatation de l'*état d'âme* du provocateur ou de l'apologiste que les magistrats du parquet et les juges de la compétence sont tout d'abord conviés.

b) Aussi, doivent-ils s'entourer de tous renseignements sur les inculpés, leurs antécédents, leur genre de vie, leurs fréquentations, et, enfin et surtout, leurs opinions. Sans doute, ce n'est pas dans ces antécédents, ce genre de vie, ces opinions, que résidera le délit. La loi du 28 juillet 1894 n'a pas créé de *délit d'anarchisme*. Mais ces circonstances éclaireront la nature de la provocation ou de l'apologie et en fixeront le caractère anarchiste, uniquement au point de vue de la compétence.

c) Le but, c'est-à-dire la raison d'être de la provocation ou de l'apologie, devra consister en un *acte de propagande anarchiste*. Chacun de ces mots a une portée qui caractérise la situation. 1° Il faut que la provocation ait en vue *un acte*. La loi ne dit pas seulement : « lorsque ces infractions auront été commises dans un but de propagande anarchiste », mais « lorsque ces infractions ont pour but *un acte* de propagande anarchiste ». On a donc en vue les partisans de la propagande *par le fait* et, ainsi que l'exprime la circulaire de la chancellerie, « la volonté très formelle du législateur trouve, à cet égard, dans le texte de la loi, le commentaire le plus explicite ». 2° Il faut que le provocateur ait voulu accomplir un acte *de propagande*, c'est-à-dire un acte susceptible de favoriser le recrutement de nouveaux adeptes, qu'il ait voulu, en excitant à commettre un crime ou en faisant l'apologie d'un crime, faire des prosélytes à l'anarchie. 3° En effet, c'est bien de la propagande *anarchiste* qu'il s'agit, et seulement de cette propagande. « Vous savez ce que médite l'anarchie, disait le président du Conseil, dans la séance du 19 juillet 1894, la destruction pour la destruction. Sa propagande tend à ébranler dans les esprits les notions fondamentales et nécessaires d'autorité et de hiérarchie. Ses actes tendent à affoler les populations par des crimes odieux, à répandre le mépris de la vie humaine, à créer l'habitude du meurtre, et, quelque chose de plus grave, l'habitude du sang; voilà ce que veut cette secte : elle veut détruire, à force de crimes répétés, l'horreur naturelle de l'homme pour le sang; elle s'adresse particulièrement à la jeunesse, dont elle exploite les idées d'indépendance, dont elle tourne l'ardeur en violence, l'amour de la liberté en révolte ».

Ainsi, la propagande, que la loi condamne et réprime, ce n'est pas la propagande pour l'idée et par l'idée — l'anarchie n'est pas un délit — c'est l'*application* de l'anarchie, c'est-à-dire la solution brutale du problème social par le vol, l'incendie, le meurtre. Toute excitation, de nature à favoriser le développement de la secte qui met en œuvre de tels moyens, rentre dans la propagande anarchiste. La loi fédérale suisse, du 25 juillet 1894, a incriminé, plus exactement et plus nettement, celui qui agit, « dans l'intention de répandre la terreur dans la population ou d'ébranler la sûreté publique ». C'est, en effet, ce but qui caractérise la propagande par le fait.

66. Quoi qu'il en soit de ces essais de précision, on voit, par ce que nous venons de dire : 1° Que la question de compétence, pour des excitations réalisées par des moyens identiques, dépendra d'une question d'intention; 2° Que cette question d'intention, étant une question de fait, bien que la compétence en dépende, sera souverainement résolue par les juges du fait, sans que leur décision, à ce point de vue, puisse tomber sous le contrôle de la Cour de cassation; 3° Que le tribunal correctionnel, vis-à-vis duquel les ordonnances ou les arrêts de renvoi ne sont qu'*indicatifs* de compétence, devra se dessaisir, s'il constate que le délit qui lui est soumis n'a pas eu pour but un acte de propagande anarchiste, mais que la cour d'assises, si elle a été saisie, sera tenue de juger, encore que le but de propagande anarchiste paraisse résulter des débats, puisque les arrêts de renvoi sont *attributifs* de compétence en ce qui la concerne.

67. Quand les délits de provocation ou d'apologie prévus par les §§ 1 et 3 de l'article 24 et par l'article 25, ont pour but un acte de propagande anarchiste, ils sont déférés aux tribunaux correctionnels; mais ils restent, *à tous autres égards*, soumis aux dispositions générales de la loi sur la presse. « Aucune modification, ainsi que le constate la circulaire de la chancellerie, n'a été apportée aux éléments constitutifs de ces diverses infractions. Pour être punissable en vertu de l'article 24 de la loi du 29 juillet 1881, la provocation au vol, aux crimes de meurtre, de pillage, d'incendie, etc., devra, même dans le cas où elle sera déférée aux tribunaux correctionnels, avoir été directe et faite publiquement. D'autre part, les individus qui seront convaincus de s'en être rendus coupables, continueront à bénéficier du régime de faveur créé par la loi du 29 juillet 1881, tant au point de vue de la prescription, de la non applicabilité des règles de la récidive, qu'au point de vue de l'admission des circonstances atténuantes sur la durée de la peine ». Les règles de la loi sur la presse, concernant les personnes responsables (art. 42 et suiv.), et la procédure des poursuites (art. 60) s'appliqueront également à ces infractions qui, dans la pensée du législateur, constituent des délits de presse proprement dits. Il ne faudrait cependant pas prendre à la lettre la formule suivante que nous relevons dans la circulaire de la chancellerie : « Le caractère anarchiste de la provocation ou de l'apologie n'aura d'autre conséquence que de justifier, le cas échéant, la compétence des tribunaux correctionnels ». Car, en même temps que ces infractions bénéficieront du régime de faveur de la loi sur la presse, elles tomberont sous le coup des dispositions rigoureuses contenues dans les articles 3, 4 et 5 de la loi de 1894, concernant la *relégation*, l'*emprisonnement individuel* et l'*interdiction de reproduire les débats* ou *de divulguer les actes de procédure*. La rédaction de ces textes ne laisse, en effet, aucun doute, sur cette extension.

§ XI. — DE LA PROPAGANDE ANARCHISTE QUI S'EXERCE EN DEHORS DES CONDITIONS DE PUBLICITÉ SPÉCIFIÉES PAR LA LOI SUR LA PRESSE.

(L. 28 juillet 1894, art. 2.)

68. Projet du gouvernement. Projet de la commission. Amendements. Texte définitif de l'article 2. — 69. Double observation. — 70. Éléments constitutifs du premier délit. Il faut une incitation à commettre certains crimes, limitativement spécifiés, se manifestant par une provocation ou une apologie, et pratiquée dans un but de propagande anarchiste. — 71. La loi n'a ni énuméré ni limité les moyens matériels de commettre le délit. — 72. Son caractère essentiel. — 73. Un seul fait de provocation ou d'apologie le constitue. — 74. Résumé. — 75. Pénalités. — 76. Provocation non publique adressée aux militaires pour les détourner de leurs devoirs. — 77. Rappel de l'ensemble de la législation relative à ces provocations. — 78. Difficultés d'arriver à constater les délits de propagande clandestine. Précautions à prendre. — 79. Restriction quant à la preuve testimoniale. — 80. Les deux délits de propagande non publique ne constituent pas des délits de presse.

68. L'innovation la plus importante de la loi de 1894 consiste dans la possibilité d'atteindre désormais la *propagande anarchiste* qui s'exerce en dehors des conditions de publicité spécifiées par l'article 23 de la loi du 29 juillet 1881. « Non moins dangereuse ni moins coupable que la propagande publique, la propagande clandestine a été trop longtemps assurée de l'impunité. Il était indispensable de pouvoir mettre un terme à ces conciliabules secrets, dans lesquels les partisans de l'anarchisme préparent leurs auditeurs à devenir les instruments de leurs desseins criminels ». C'est dans ces termes que la circulaire du ministre de la justice, du 6 août 1894, explique et justifie le caractère des délits nouveaux. Mais comme il ne se dégage qu'avec quelque confusion de la discussion législative, il importe d'en suivre attentivement l'évolution.

Le projet du gouvernement était conçu dans les termes les plus généraux. « En dehors des cas prévus par l'article précédent (provocation publique dans les termes de l'article 23 de la loi de 1881), tout individu qui sera prévenu d'avoir, *par des moyens quelconques*, fait *acte de propagande anarchiste*, en préconisant des attentats contre les personnes ou les propriétés, sera déféré aux tribunaux de police correctionnelle et puni d'un emprisonnement de trois mois à deux ans et d'une amende de 100 francs à 2,000 francs ».

La commission de la Chambre essaya de supprimer le caractère vague et arbitraire que les mots « *propagande anarchiste par des moyens quelconques* » donnaient à la rédaction du gouvernement. La nouvelle disposition atteignait la propagande anarchiste effectuée en dehors des cas visés par l'article 1er, c'est-à-dire en dehors de la provocation publique au crime ou de l'apologie publique du crime. Cette disposition visait notamment les discours tenus dans des réunions privées, la correspondance individuelle, à la condition qu'il s'y trouvât des *provocations* au crime ou des *apologies* de crimes ou de criminels.

Le texte proposé par la commission était ainsi conçu : « Sera également déféré aux tribunaux de police correctionnelle et puni d'un emprisonnement de trois mois à deux ans et d'une amende de 100 à 2,000 francs tout individu qui, en dehors des cas visés par l'article précédent, sera convaincu d'avoir, soit par provocation, soit par apologie des faits spécifiés audit article, incité une ou plusieurs personnes à commettre, soit les crimes de meurtre, de pillage, d'incendie, soit les crimes prévus par l'article 435 du Code pénal, soit le délit de vol, et aura ainsi fait acte de propagande anarchiste ».

Mais la disposition a été, comme on l'a dit dans la discussion, « en devenir constant ». Les critiques soulevées déterminaient d'abord le remaniement d'un texte qui, dans sa forme primitive, était incomplet et dangereux : incomplet, puisqu'il laissait, en dehors de ses prévisions, les provocations non publiques adressées à des militaires pour les détourner de leurs devoirs; dangereux, car, non seulement il ne précisait pas suffisamment les éléments du délit, mais il autorisait l'emploi, sans réserve, des procédés d'informations ordinaires, notamment du témoignage. La commission fut ainsi amenée à donner au projet un développement inusité, et le texte soumis à la Chambre comprit quatre paragraphes : le premier prononçant la pénalité; le second contenant la définition du délit de propagande; le troisième comprenant, dans la propagande, l'excitation des militaires à la désobéissance; et le quatrième exigeant que la déclaration d'un témoin unique fût appuyée par un ensemble de charges.

Ce texte, déjà remanié trois fois, ne devait pas être définitif. Sur un amendement de M. Montaut, la *défense de la Constitution républicaine* fut ajoutée, dans le paragraphe 3, à l'énumération des lois pour l'exécution desquelles les militaires doivent obéissance à leurs chefs. Cette addition avait, tout d'abord, paru inutile au gouvernement et à la commission. Enfin, M. Pourquery de Boisserin réussit à faire adopter un amendement, par suite duquel les mots « dans un but de propagande anarchiste » ne devaient pas concerner les provocations adressées à des militaires. C'était mettre en contradiction le paragraphe 3, non seulement avec l'ensemble de la loi et l'article 1er, mais encore avec le paragraphe 1 de l'article 2. Aussi, pour sortir de la difficulté, la commission imagina un expédient : elle inséra, entre le troisième et le dernier paragraphe, un paragraphe quatrième, destiné à édicter la peine de la relégation, seulement pour le cas où les provocations adressées à des militaires auraient un caractère de propagande anarchiste.

L'article 2, comprenant cinq paragraphes, se trouve, par suite, ainsi conçu : « Sera déféré aux tribunaux de police correctionnelle et puni d'un emprisonnement de trois mois à deux ans, et d'une amende de 100 à 2,000 francs tout individu qui, en dehors des cas visés par l'article précédent, sera convaincu d'avoir, dans un but de propagande anarchiste :

1° Soit par provocation, soit par apologie des faits spécifiés auxdits articles, excité une ou plusieurs personnes à commettre soit un vol, soit les crimes de meurtre, de pillage, d'incendie, soit les crimes punis par l'article 435 du Code pénal;

2° Ou adressé une provocation à des militaires des armées de terre ou de mer, dans le but de les détourner de leurs devoirs militaires et de l'obéissance qu'ils doivent à leurs chefs dans ce qu'ils leur commandent pour l'exécution des lois et règlements militaires et la défense de la Constitution républicaine.

Les pénalités prévues au paragraphe premier seront appliquées même dans le cas où la provocation adressée à des militaires des armées de terre ou de mer n'aurait pas le caractère d'un acte de propagande anarchiste; mais, dans ce cas, la pénalité accessoire de la relégation édictée par l'article 3 de la présente loi ne pourra être prononcée.

La condamnation ne pourra être prononcée sur l'unique déclaration d'un témoin affirmant avoir été l'objet des incitations ci-dessus spécifiées, si cette déclaration n'est pas corroborée par un ensemble de charges démontrant la culpabilité et expressément visées dans le jugement de condamnation ».

69. Ce qui semble se dégager d'abord de la complexité du texte, c'est la création de deux délits, ayant des traits communs, puisqu'ils consistent dans des faits de *propagande anarchiste, s'exerçant en dehors des conditions de publicité exigées par l'article 23 de la loi de 1881*. Mais déjà, à ce point de vue général, deux observations s'imposent.

L'expression : « tout individu qui, *en dehors des cas visés par l'article précédent* », est certainement obscure, car on ne voit pas bien les « cas qui sont en dedans », comme l'a dit M. Brisson. En effet, l'article 2 renvoie à l'article 1er, qui renvoie lui-même aux articles 24 et 25, lesquels se réfèrent eux-mêmes à l'article 23 de la loi de 1881. En réalité, ce qu'on a voulu atteindre, ce sont les incitations et provocations criminelles, *toutes les fois qu'elles se réalisent en dehors des conditions de la loi sur la presse*. Nous devons nous contenter, pour l'instant, de cette notion superficielle. Elle sera précisée tout à l'heure.

D'un autre côté, dans les deux cas visés par la suite du texte, c'est-à-dire par les §§ 2 et 3, l'inculpé ne paraît tomber sous le coup de la loi que lorsqu'il est « convaincu d'avoir, *dans un but de propagande anarchiste* », incité ou provoqué au crime. Cependant, par suite de l'adoption d'un amendement dont nous avons déjà parlé, ce but qui forme, en effet, un *élément constitutif* dans le premier délit, n'est plus qu'une *circonstance aggravante* dans le second. Ce vice de méthode et de rédaction, qui a consisté à insérer, dans le même article d'une loi sur les « *menées anarchistes* », et sous un préambule commun, deux dispositions contradictoires, a été assez durement relevé au cours de la discussion pour que nous nous abstenions d'insister [1].

Ces observations générales étant faites, il y a lieu d'examiner distinctement les deux délits.

70. Les éléments constitutifs du premier sont au nombre de trois : il faut une *incitation*, se manifestant par une *provocation* à commettre certains crimes ou une *apologie* de ces mêmes faits, pratiquée dans un *but de propagande anarchiste*.

I. Qu'est-ce qu'une *incitation?* Pourquoi l'emploi de cette expression inusitée dans la langue juridique [2]? Pourquoi n'avoir pas parlé d'*excitation? Exciter* quelqu'un à commettre un meurtre, un incendie, c'est le pousser *directement* à commettre cet acte. Mais l'*inciter*, c'est l'y amener d'une manière même détournée et cauteleuse. L'incitation est donc une forme de propagande anarchiste plus large, plus compréhensive et plus vague que l'excitation. Dans une loi dirigée « contre les *menées anarchistes* », il fallait, en effet, réprimer, — et c'est ce qu'on a voulu faire, — tous les agissements qui ont pour but de préparer des néophytes à devenir des instruments de crimes. Ainsi, le délit qui nous occupe est constitué, alors même qu'on ne démontrerait pas la corrélation *directe* entre l'instigation et son résultat possible.

Mais, pour être incriminée, l'incitation doit tendre, au moins implicitement, à faire commettre *certaines infractions spécifiées*, qui sont : le vol, le meurtre, le pillage, l'incendie, la

§ XI. [1] Séance du 21 juillet (*J. off., Ann.*, p. 1462).

[2] « Qu'est-ce qu'une incitation, a demandé M. Goblet (*J. off.*, p. 1428)? Je n'avais pas encore rencontré ce mot dans le Code pénal. En quoi consiste et jusqu'où pourra aller une incitation? C'est un mot neuf ».

destruction par l'effet d'explosifs. Cette liste est « intentionnellement limitative », suivant les expressions de la circulaire ministérielle du 6 août 1894. Elle exclut, notamment, les attentats à la sûreté extérieure de l'État qui, cependant, figurent dans l'énumération de l'article 24, § 1 de la loi de 1881.

S'il n'est donc pas nécessaire d'établir que le prévenu a *directement* incité telle personne à commettre tel vol, tel incendie, etc., il ne suffirait pas d'une incitation indéterminée, vague, dépourvue de toute spécification. Une double précision est ainsi faite par la loi pour éviter les *procès de tendance :* l'incitation doit être caractérisée, tout à la fois, par les *crimes* ou *délits* auxquels elle tend, et par la forme qu'elle prend d'une *provocation* ou d'une *apologie* criminelles.

II. En effet, le signe extérieur qui révèle l'*incitation* au vol, au meurtre, au pillage, à l'incendie et aux crimes prévus par l'article 435 du Code pénal, et qui la rend punissable, c'est la *provocation* à commettre ces crimes ou l'*apologie* de ces mêmes faits. Cette proposition essentielle résulte, à la fois, du texte et des déclarations faites par M. Trarieux dans son rapport au Sénat. « On s'est inquiété du point de savoir s'il serait possible qu'un simple mot, une simple appréciation proférés dans des conversations particulières pussent, *en dehors de toute provocation formelle au crime,* faire l'objet de poursuites. Nous avons expressément invité le gouvernement à s'expliquer avec nous sur ce point, et il nous a autorisé à déclarer qu'il n'y avait de punissables, pour les propos non publics d'apologie, que ceux qui renfermeraient une *excitation* manifeste à commettre les actes criminels auxquels ils se seraient appliqués, ce que le texte de l'article 2, attentivement consulté, indique, du reste, d'une manière suffisante ».

III. L'incitation, ainsi caractérisée, ne tombe sous le coup de la loi qu'autant qu'elle est pratiquée *dans un but de propagande anarchiste*. Bien que la formule employée par l'article 2 ne soit pas rigoureusement la même que celle de l'article 1er, il est certain que le sens de la loi est identique dans les deux textes. Directe ou indirecte, l'incitation n'est déterminée que lorsqu'elle tend, par voie de provocation ou d'apologie, à l'accomplissement d'un *acte*, vol, meurtre, incendie, etc. C'est la *propagande par le fait* seulement que la loi a voulu atteindre.

71. Si l'article 2 a défini, avec une certaine netteté, la propagande anarchiste incriminée, en ne la faisant résulter ainsi que de l'incitation, par provocation ou apologie, à commettre certains actes limitativement énumérés, il faut reconnaître qu'il n'a pas déterminé, avec plus de précision que le projet primitif du gouvernement, les *moyens matériels* de réaliser cette propagande, en un mot, le *corps du délit*. D'après le texte adopté, comme d'après le texte proposé, les incitations constitutives de cette propagande peuvent, en dehors des cas prévus par l'article 1er, être commises *par un moyen quelconque,* notamment par des propos proférés dans dès conciliabules secrets, par des conversations, même tenues en famille[3], par des correspondances privées, destinées, dans la pensée de celui qui les écrivait, à rester secrètes, par dessins, images ou emblèmes, même rendus publics par vente, distribution ou exposition dans des lieux ou réunions publics, etc.

72. Pour caractériser le délit, on a pu dire, soit dans la circulaire ministérielle, soit dans le rapport de M. Trarieux au Sénat, que la loi de 1894, après avoir visé, dans son article 1er, la *propagande anarchiste publique,* visait, dans son article 2, la *propagande anarchiste non publique* ou *clandestine*. Mais il ne faudrait pas s'arrêter absolument à cette formule abrégée, qui est trop étroite, et, par cela même, inexacte. La vérité est que l'article 1er ne punit la propagande anarchiste publique, qu'autant qu'elle se manifeste par l'un des modes de publication spécifiés à l'article 23 de la loi sur la presse, et que l'article 2 atteint non seulement la propagande anarchiste clandestine, mais encore la propagande anarchiste publique, quand elle se réalise par des modes de publication ne rentrant pas dans les prévisions de l'article 23. Telle est exactement la portée de ces deux dis-

[3] « Une conversation au foyer, là où vous devez être abrité comme dans le dernier refuge de votre liberté et de votre droit, peut être incriminée », a-t-on dit, avec quelque vérité, dans la discussion. Mais il faut, bien entendu, que, dans cette conversation, il y ait eu des provocations ou apologies criminelles, dans un but de propagande anarchiste.

positions. De sorte que tout fait de propagande anarchiste, qui n'est pas un *délit de presse*, devient un *délit de droit commun*, et que la loi nouvelle enserre, dans un cercle infranchissable, toute excitation de nature à favoriser le triomphe de l'anarchie par le vol, le meurtre, l'incendie, etc., c'est-à-dire toute *excitation à la propagande par le fait*. Nous en avons déjà tiré cette conséquence que les provocations ou apologies, par *images, dessins* ou *emblèmes*, peuvent toujours, quand elles s'appliquent aux crimes visés par l'article 2, tomber sous le coup de la loi, qu'elles *soient ou non* aggravées par la publicité résultant de l'exposition dans un lieu public.

73. Il a été spécifié, dans les travaux préparatoires, qu'*un seul fait* de provocation ou d'apologie constituait la propagande incriminée[1]. Cette solution est précisée par le rejet de deux amendements : le premier, présenté par M. de Ramel, ajoutait : « *réitérées* » après apologies; l'autre, du vicomte d'Hugues, portait : « d'avoir, *à maintes reprises*, et dans un but déterminé de propagande anarchiste... ».

74. En résumé, la loi punit tout individu qui, *par un moyen quelconque* (parole, écrit, imprimé, image, emblème, etc.), en dehors des conditions de publicité spécifiées à l'article 23 de la loi sur la presse, et dans un but de propagande anarchiste, aura provoqué, même indirectement, au vol, au meurtre, à l'incendie, etc., ou qui, en se livrant à l'apologie de ces faits, aura incité une ou plusieurs personnes à les commettre. Ce n'est donc pas la simple révélation d'un « état d'âme anarchiste » qui est incriminée : il n'y a pas de *délit d'opinion anarchiste*. La loi est uniquement dirigée contre les théoriciens de la propagande par le fait qui se livrent, dans ce but, à la provocation et à l'apologie criminelles. C'est le *délit de propagande anarchiste* qui est créé, avec cette circonstance qu'il consiste dans ce seul fait, sans qu'il soit nécessaire qu'il ait été suivi d'un commencement d'exécution et qu'il ait été commis publiquement. Le signe caractéristique du délit, c'est même de s'être produit en dehors des conditions de publicité spéci-

[1] Ce qui paraît, du reste, contraire à la notion même de la propagande.

fiées par la loi sur la presse. La loi fédérale suisse du 25 juillet 1894, sur les anarchistes, qui prévoit et punit le même fait, le caractérise plus simplement et plus nettement, en frappant, dans son article 4, « celui qui, dans l'intention de répandre la terreur dans la population ou d'ébranler la sûreté publique, incite à commettre des délits contre les personnes ou les propriétés, ou donne des instructions en vue de leur perpétration[5] ».

75. La peine principale du délit d'incitation est un emprisonnement de trois mois à deux ans et une amende de 100 à 2,000 francs. La relégation peut être, en outre, prononcée dans des conditions que nous déterminerons plus loin. Mais, par suite de cette sanction accessoire, ainsi qu'on l'a fait remarquer à la Chambre[6], la provocation au vol est punie plus sévèrement, quand elle a manqué son effet, que lorsqu'elle l'a produit. Encore une de ces solutions inattendues!

76. Les excitations exercées *envers les militaires* pour les détourner de leurs devoirs sont prévues par l'article 2, § 3, qui

[5] Nous devons mentionner un amendement de M. JAURÈS, aux termes duquel devaient être considérés comme provocateurs aux actes de propagande anarchiste, tous les hommes publics, ministres, sénateurs, députés, qui auraient trafiqué de leur mandat. La thèse de M. JAURÈS était une thèse morale et sociale, mais non une thèse pénale. L'anarchisme consistant dans le mépris de l'autorité, le mépris du suffrage universel, le mépris de la vie humaine, l'honorable député montrait, avec quelque raison, que la perversion de la morale politique entraînait toutes ces conséquences. Si donc, ajoutait-il, on désire, comme dernier terme d'une évolution législative qui s'est dessinée progressivement, atteindre le germe de l'anarchisme dans la *conscience de l'homme,* il faut le frapper dans ses causes les plus lointaines. M. JAURÈS, philosophe et homme politique, sait cependant que, dans la chaîne des responsabilités des attentats anarchistes, chaîne hélas! si longue, et que nous avons tous contribué à forger, il faut s'arrêter aux anneaux les plus proches, parce que la responsabilité pénale doit être une *responsabilité directe*. Certes, au point de vue moral, on a sa part des crimes de tous ceux dont on a affaibli la conscience et la volonté. Mais cette responsabilité est insaisissable pour la loi sociale, tant que le rapport direct entre le crime et sa cause n'est pas établi. On sait que l'échec de l'amendement Jaurès n'a tenu qu'à un écart de six voix.

[6] M. GAUTHIER DE CLAGNY. Séance du 21 juillet 1894 *Annexes*, p. 1454.

reproduit, presque littéralement, l'article 25 de la loi sur la presse du 29 juillet 1881. Toutefois, les mots « et la défense de la Constitution républicaine » ont été ajoutés à la suite du membre de phrase « dans ce qu'ils leur commandent pour l'exécution des lois et règlements militaires ». M. Montaut, qui est l'inspirateur de cette addition, l'a motivée sur ce qu'il était utile d'enseigner aux militaires leurs devoirs « envers la loi suprême », et de leur montrer qu'ils « doivent défendre la Constitution dans le cas où on essaierait de les inciter à y porter atteinte [7] ».

Sauf la publicité par l'un des modes spécifiés à l'article 23 de la loi sur la presse, les éléments constitutifs du délit de provocation non publique à la désobéissance sont les mêmes que ceux de la provocation publique. Mais tandis que les incitations punies par l'article 2 de la loi de 1894 n'existent que si elles sont commises dans un but de propagande anarchiste, une exception a été faite en ce qui concerne les provocations adressées à des militaires pour les détourner de leurs devoirs militaires et de l'obéissance qu'ils doivent à leur chef. « La nécessité de mettre la discipline, c'est-à-dire l'existence même de l'armée, à l'abri de toute atteinte, exige que toute provocation à la désobéissance puisse être réprimée, lors même qu'elle ne présenterait pas un caractère de propagande anarchiste. Il a paru toutefois qu'il y avait lieu d'atténuer, dans cette hypothèse, la rigueur de la répression [8] ». En effet, l'article 2 dispose que, dans ce cas, la pénalité de la relégation, édictée par l'article 3, ne pourra être prononcée, complémentairement à la peine principale d'emprisonnement et d'amende.

77. En résumé, si l'on combine les diverses dispositions de nos lois pénales, les provocations adressées à des militaires peuvent être : — soit *publiques et inspirées par un but de propagande anarchiste*, auquel cas elles sont passibles des peines portées

[7] Séance du 21 juillet 1894, *Annexes*, p. 1455. On a fait observer, du reste, que cette addition était bien inutile, car si la Constitution n'était pas nominativement désignée dans le texte, elle était incontestablement comprise dans les mots « lois et règlements » qui y figuraient déjà. *Sic*, Loubat, *op. cit.*, p. 47.

[8] Circ. minist.

par l'article 25 de la loi de 1881 et de la relégation édictée par la loi de 1894, et justiciables des tribunaux correctionnels (art. 1, § 1); — soit *publiques, mais inspirées par tout autre but,* auquel cas elles sont punies des mêmes peines, à l'exception de la relégation, et relèvent de la cour d'assises (L. 29 juill. 1881, art. 25); — si elles ne rentrent pas dans les *conditions de publication spécifiées à l'article 23 de la loi de 1881,* mais qu'elles soient inspirées par un *but de propagande anarchiste,* elles sont déférées à la juridiction correctionnelle et punies de l'emprisonnement de trois mois à deux ans, de l'amende de 100 à 2,000 francs, et, éventuellement, de la relégation; — dans les mêmes conditions, *si elles sont dépourvues de caractère anarchiste,* elles sont soumises au même régime, sauf exclusion de la relégation.

78. La répression de la provocation adressée aux militaires pour les détourner de leurs devoirs n'a soulevé et ne pouvait soulever aucun scrupule. Il était nécessaire de prévoir cette forme de propagande criminelle, parce qu'il s'agit de manœuvres plus faciles à caractériser et plus dangereuses que celles qui s'adressent aux civils. Dans les cabarets, à la porte des casernes, il existe des professeurs d'anarchie qui essaient d'inculquer leurs idées aux soldats, d'affaiblir ou d'effacer, à leurs yeux, le sentiment sacré de la patrie, et de les exciter à l'indiscipline. C'est cette espèce d'embauchage ou de débauchage qu'il fallait, à tout prix, empêcher.

Mais la légitimité de la répression du délit de propagande anarchiste secrète a été plus vivement discutée. Personne, sans doute, ne saurait sérieusement contester, au pouvoir social, le droit d'arrêter, par ce moyen, cette fièvre d'apostolat anarchiste, qui est certainement dangereuse, puisqu'elle tend à préparer des voleurs, des assassins, des dynamiteurs. Mais la *preuve* sincère et convaincante du fait incriminé est si difficile à rechercher et à obtenir, qu'il y a, dans ce seul obstacle, un motif très puissant de laisser passer et de laisser faire. Le *corps du délit,* résulte, en effet, le plus souvent, « de paroles qu'il est si facile de malentendre, de dénaturer à dessein, enfin d'un acte qui, de sa nature, n'admet guère de témoignage impartial et digne de foi[9] ». En punissant ce fait, on s'expose donc à des méprises, à des inquisitions; on jette l'inquiétude parmi les gens tranquilles; on encourage la délation. Toutes ces craintes se sont fait jour, elles ont été même exagérées dans la discussion.

Aussi, par méfiance des dénonciations ou des dépositions qui seraient dictées par un sentiment de haine ou de vengeance et pour entourer d'une certaine garantie la constatation du délit, la disposition suivante a été insérée dans l'article 2 : « La condamnation ne pourra être prononcée sur l'*unique déclaration d'une personne affirmant avoir été l'objet des incitations* ci-dessus spécifiées, si cette déclaration n'est pas corroborée par un *ensemble de charges démontrant la culpabilité et expressément visées* dans le jugement de condamnation ».

79. Cette disposition est placée à la fin de l'article 2 : elle paraît donc s'appliquer aux provocations adressées aux militaires comme à celles adressées aux civils[10] ; mais elle vise exclusivement les cas où l'incitation a lieu par un *propos non public,* car si la propagande était réalisée par une *correspondance* privée, par l'exposition d'une *image* ou d'un *emblème,* la seule production de l'écrit, de l'image ou de l'emblème pourrait servir de base au jugement de condamnation, sans qu'il fût besoin de viser d'autres charges.

L'admission de la *preuve testimoniale* est soumise à une restriction, qui est un écho affaibli de l'ancienne règle : *Testis unus, testis nullus.* En effet, le témoignage de la personne, qui pré-

[9] Ce sont les expressions mêmes de Rossi, à propos de l'incrimination portée par l'article 89, C. p. Montesquieu avait dit déjà (*Esprit des Lois*, l. XII, chap. XII), à propos des paroles indiscrètes : « La plupart du temps, elles (les paroles) ne signifient point par elles-mêmes, mais par le ton dont on les dit. Souvent, en redisant les mêmes paroles, on ne rend pas le même sens : ce sens dépend de la liaison qu'elles ont avec d'autres choses. Quelquefois, le silence exprime plus que tous les discours. Il n'y a rien de si équivoque que tout cela. Comment donc en faire un crime de lèse-majesté? Partout où cette loi est établie, non seulement la liberté n'est plus, mais son ombre même ».

[10] J'estime, en effet, que le motif qui l'a fait édicter est commun aux deux délits spécifiés. L'emploi du mot « incitation » est insuffisant pour la restreindre au délit de propagande anarchiste.

tend avoir été l'objet des provocations incriminées, ne sera pas admis, s'il n'est corroboré par un *ensemble de charges* démontrant la culpabilité et *expressément visées* par le jugement de condamnation.

Trois observations préciseront la portée de cette garantie.

a) La déclaration unique dont il s'agit est celle de la *personne qui a été l'objet d'une incitation* et non celle d'un témoin quelconque. M. Bérenger en a tiré cette conséquence, qui n'a pas été contredite : « Si le témoin unique est tout autre que la personne provoquée, si c'est un *dénonciateur*, un *espion*, la prétendue garantie n'existe plus ». Nous rentrons, en effet, dans le droit commun des *preuves de conviction*. La disposition aurait pu être conçue dans des termes plus compréhensifs.

b) Un député avait déposé un amendement tendant à ce que, en aucun cas, l'unique déposition de l'individu qui dit avoir été victime de la provocation, ne puisse être considérée comme une preuve suffisante. La loi n'est pas allée jusque-là, mais elle veut que le témoignage soit corroboré par un ensemble de *charges* démontrant la culpabilité. « Avec la jurisprudence, a dit M. Flandin, nous entendons par le mot «*charges*» toutes circonstances, tous indices, toutes présomptions qui, venant s'adjoindre au témoignage, devront concourir à établir la culpabilité ». Telle est la définition autorisée des moyens accessoires de la preuve, destinés à former la conviction du tribunal.

c) Les charges, ainsi définies, doivent être *expressément visées* dans le jugement de condamnation. La portée de cette exigence a été précisée par la discussion. Un député, M. Marcel Habert, voulait que les charges fussent non seulement *visées* mais *spécifiées* dans le jugement, non seulement *énumérées* mais *précisées*. Sur quoi, le garde des sceaux a déclaré que les mots « *expressément visées* » répondaient au sentiment de M. Marcel Habert, et que son amendement devenait par suite inutile. Au cas où cette exigence n'aurait pas été suivie, l'arrêt serait sujet à être cassé pour défaut de motifs.

80. Les deux délits de propagande non publique ne constituent en aucune façon des délits de presse : ils sont donc soumis au *régime du droit commun*, c'est-à-dire du Code pénal et du

Code d'instruction criminelle soit au point de vue de la responsabilité pénale, soit au point de vue des formes de la citation[11], soit quant à la prescription qui est celle de trois ans et non de trois mois[12], soit au point de vue de la récidive et des circonstances atténuantes.

§ XII. — DISPOSITIONS SPÉCIALES. RELÉGATION. EMPRISONNEMENT INDIVIDUEL. INTERDICTION DE RENDRE COMPTE DES DÉBATS ET DE DIVULGUER LES ACTES DE PROCÉDURE.

(L. 28 juillet 1894, art. 3, 4, 5 et 6.)

81. La relégation peut être prononcée contre les individus condamnés pour propagande anarchiste. — 82. Emprisonnement individuel. — 83. Double interdiction. — 84. Faculté donnée aux tribunaux d'interdire, en tout ou en partie, la reproduction des débats dans tous les cas où le fait incriminé a un caractère anarchiste. — 85. Défense de publier ou de divulguer les actes de procédure. — 86. Circonstances atténuantes.

81. La peine accessoire[1] ou plutôt complémentaire de la relégation *pourra* être prononcée, aux termes de l'article 3, contre les individus condamnés en vertu des articles 1 et 2 de la présente loi à une peine supérieure à une année d'emprisonnement et ayant encouru, dans une période de moins de dix ans, soit une condamnation à plus de trois mois d'emprisonnement pour les faits spécifiés auxdits articles, soit une condamnation à la peine des travaux forcés ou de la réclusion[2].

a) La peine de la relégation est, ici, *complémentaire* et *facul-*

[11] La Chambre a repoussé un amendement tendant à rendre applicable aux deux délits prévus par l'article 2 de la loi du 28 juillet 1894, l'article 60, § 3 de la loi du 29 juillet 1881. Séance du 26 juillet. *Journ. off.*, *Annexes*, p. 1609.

[12] Ce point a été mis en lumière par M. de Ramel qui a proposé, mais sans succès, d'étendre à l'article 2 la disposition de l'article 65 de la loi sur la presse.

§ XII. [1] La relégation n'est pas une peine *accessoire* au sens juridique du mot, puisqu'elle n'est pas la conséquence d'une condamnation principale. C'est plutôt une peine complémentaire.

[2] M. Camille Pelletan considérait cette disposition comme la plus importante de la loi : « Cet article est le plus grave, parce qu'au point de vue juridique, il introduit cette étrangeté : Une peine perpétuelle prononcée par

tative, tandis que, dans son application ordinaire, elle est *complémentaire* et *obligatoire*. Il résulte des déclarations faites par M. Trarieux, dans son rapport au Sénat, et par le garde des sceaux, dans sa circulaire, que « les tribunaux ne devront jamais faire usage de la peine accessoire de la relégation (édictée en cette matière par une dérogation apportée aux règles générales de la loi du 27 mai 1885), que lorsqu'un besoin de préservation sociale paraîtra l'exiger ». En conséquence, la relégation a été expressément écartée vis-à-vis des individus condamnés, en vertu de l'article 2, pour provocation adressée à des militaires, quand la provocation ne présente pas un caractère anarchiste.

b) Pour être exposé à la relégation, le prévenu doit se trouver dans les deux conditions que voici, conditions cumulativement exigées :

Il faut qu'il ait été condamné à une peine supérieure à un an d'emprisonnement (au moins un an et un jour) à raison du délit qui motive la poursuite.

Il faut, de plus, qu'il ait encouru, dans une période de dix ans (non compris la durée de toute peine subie, par référence à l'article 4 de la loi du 27 mai 1885), les condamnations ci-dessus énumérées [3].

c) Le rapporteur, M. Lasserre, a reconnu que « toutes les dispositions contenues dans la loi sur la relégation, sont applicables à la présente loi », dans la mesure où elles n'ont pas été

la police correctionnelle; — parce qu'au point de vue politique, il inaugure cette énormité : une peine qui est, en réalité, celle des travaux forcés châtiant des délits de plume et de parole; — parce qu'au point de vue humain, il donne à la loi un caractère d'incomparable cruauté; — parce qu'enfin au point de vue historique, il la met hors de pair avec toutes les lois de circonstances votées sous tous les régimes antérieurs, sans excepter l'abominable loi de sûreté générale ». — A ce sanglant réquisitoire, le garde des sceaux faisait remarquer que le texte accordait aux adversaires de la relégation trois satisfactions ou garanties : le caractère facultatif de la mesure; la nécessité d'une condamnation supérieure à un an d'emprisonnement; cette circonstance qu'elle ne peut être prononcée que contre les récidivistes.

[3] Il est à remarquer que, pour encourir la relégation, il n'est pas nécessaire d'être récidiviste en matière de propagande anarchiste.

modifiées par celle-ci. Ainsi, la relégation ne sera pas prononcée contre les individus âgés de plus de soixante ans ou de moins de vingt et un ans à l'expiration de la peine principale. De plus, la procédure des flagrants délits est exclue, quand la poursuite est de nature à entraîner la relégation, c'est-à-dire quand le casier judiciaire du prévenu contient les condamnations antérieures qui permettent de la prononcer.

82. Dans le but de soustraire à la propagande anarchiste les préaux et les ateliers des prisons, l'article 4 décide que tous les individus condamnés en vertu des articles 1 et 2 de la présente loi, sans aucune exception, seront soumis à l'emprisonnement individuel, sans qu'il puisse résulter de cette mesure une diminution de la durée de la peine. Le § 2 de l'article 4 déclare cette disposition applicable pour l'exécution de la peine de la réclusion ou de l'emprisonnement prononcée en vertu des lois du 18 décembre 1893 sur les *associations de malfaiteurs* et la *détention illégitime d'engins explosifs*.

La loi du 15 novembre 1892 sur l'imputation de la détention préventive s'applique, sans aucune difficulté, aux condamnations prononcées en vertu de la loi du 28 juillet 1894.

83. L'article 5 contient deux dispositions qui se complètent l'une par l'autre : 1° c'est la faculté donnée aux cours et tribunaux d'interdire, en tout ou en partie, la reproduction des débats; 2° c'est la défense de publier ou de divulguer les actes de procédure.

84. Les procès et les persécutions exercées contre les anarchistes semblent avoir beaucoup facilité la propagation de leurs doctrines[1]. Les accusés avaient pris la cour d'assises pour tribune, et leurs paroles, répercutées par tous les échos de la presse, avaient retenti jusqu'au fond des hameaux les plus éloignés.

Ce qui importait donc, pour paralyser la propagande et empêcher la contagion, c'était de faire le plus complet silence sur les procès anarchistes. Tel a été l'objet de l'article 5, ainsi conçu : « Dans les cas prévus par la présente loi, porte le § 1

[1] Félix Dubois, *op. cit.*, p. 69.

de l'article 5, et dans tous ceux où le fait incriminé a un caractère anarchiste, les cours et tribunaux pourront interdire, en tout ou en partie, la reproduction des débats, en tant que cette reproduction pourrait présenter un danger pour l'ordre public ».

La circulaire ministérielle s'explique ainsi sur le caractère et la portée de cette disposition : « La faculté accordée aux tribunaux d'interdire, en tout ou en partie, la reproduction des débats auxquels donnent lieu les crimes ou les délits ayant un caractère anarchiste, apparaît comme le complément logique et nécessaire des mesures prises pour entraver la propagande anarchiste. Si la liberté la plus grande doit être laissée au prévenu, à l'audience, dans l'intérêt de la défense, il importe cependant au plus haut point que l'usage de cette liberté n'offre pas de danger pour l'ordre public. Les tribunaux ne devront donc pas hésiter à interdire la reproduction des débats toutes les fois que cette reproduction totale ou partielle leur paraîtra de nature à pouvoir favoriser le développement de la propagande anarchiste ».

I. La faculté accordée aux cours et tribunaux peut être exercée *d'office*, sans réquisition du procureur de la République et sans débat, non seulement dans les deux cas prévus par la loi de 1894, mais dans tous les cas où le fait incriminé a un caractère anarchiste. A la séance du 24 juillet 1894, le rapporteur, répondant à certaines critiques, a précisé, par l'exemple du crime de Caserio, la portée de cette extension. « Il est certain, a-t-il dit, que c'est un crime de droit commun. Il n'est pas douteux, non plus, qu'il a été commis dans un but anarchiste. Voilà un cas où s'applique ces mots : « dans tous les cas ayant un caractère anarchiste ». L'application de cette disposition a été faite précisément dans l'affaire Caserio. La cour d'assises du Rhône a interdit, par arrêt, la reproduction d'une sorte de *factum* anarchiste que Caserio avait fait lire aux jurés. L'interdiction, en effet, peut n'être que partielle : elle peut être prononcée soit à l'ouverture, soit au cours, soit à la fin des débats. Mais il n'y a que la reproduction des débats qu'il soit permis d'interdire. Les jugements pourront toujours être publiés. Cette limite à l'interdiction résultait du droit commun; mais elle a été affirmée, au nom du gouvernement, à la tribune de la Chambre[5].

Les termes généraux dans lesquels la disposition est conçue permettent d'atteindre toute espèce de reproduction publique postérieure à l'interdiction, non seulement celle qui a lieu par la voie des journaux et écrits périodiques, mais encore celle qui est faite dans une copie imprimée ou manuscrite qui circulerait, dans un livre, et même la reproduction orale produite dans une réunion publique, au milieu d'un attroupement, etc.

II. Il reste à déterminer : 1° le caractère de l'infraction qui consistera à reproduire les débats interdits; 2° les règles de procédure applicables; 3° la juridiction qui doit en connaître.

a) Une référence au droit commun s'impose, tout d'abord, pour résoudre la première question. Est-il permis de rendre compte, dans les journaux, des procès criminels? Cette publicité, n'étant que la suite et l'extension de la publicité de l'audience, est, en principe, parfaitement licite. Mais il existe, à cette règle, des restrictions *légales* et des restrictions *judiciaires*. L'article 39 de la loi du 29 juillet 1881 interdit de rendre compte des *procès en diffamation où la preuve des faits diffamatoires n'est pas autorisée.* La plainte seule peut être publiée par le plaignant. On remarquera que cette loi a laissé, en dehors de l'interdiction, les procès pour outrages ou injures dont parlait la loi du 27 juillet 1849 (art. 11). Par contre, elle s'est emparée d'une disposition du décret du 17 juillet 1852, qui permettait aux tribunaux d'interdire le compte-rendu des affaires correctionnelles, civiles ou criminelles, mais en limitant cette faculté au compte-rendu des seules *affaires civiles.* L'article 39 n'autorise donc pas les tribunaux à interdire le compte-rendu des procès en matière criminelle ou correctionnelle, sauf le cas où le huis-clos de tout ou partie de l'audience ayant été ordonné, l'interdiction de rendre compte de tout ou partie du procès résulte, *de plein droit,* de cette circonstance. Ce qu'a

[5] Séance du 24 juillet, *Annexes*, p. 1552.

de spécial la disposition de la loi de 1894, c'est donc la faculté, pour les cours et les tribunaux, d'interdire, *sans prononcer le huis-clos*, la reproduction totale ou partielle des débats « dans tous les cas ayant un caractère anarchiste ». Publicité pour l'audience, huis-clos pour la presse. Telle est la portée du texte.

b) La nouvelle infraction, réprimée par l'article 5 de la loi du 28 juillet 1894, présente ainsi de frappantes analogies avec l'infraction prévue par l'article 39 de la loi de 1881. Mais, malgré ces analogies, il faut reconnaître que cette infraction constitue, non pas un *délit de presse*, mais un *délit de droit commun*, échappant, en principe, à l'application des règles spéciales édictées par la loi de 1881.

D'abord, l'article 5 punit l'infraction nouvelle d'un emprisonnement de six jours à un mois et d'une amende de 1,000 à 10,000 francs, peines plus rigoureuses que l'unique peine d'amende de 100 à 2,000 francs édictée par l'article 39.

Il décide, il est vrai, qu'elle sera poursuivie conformément aux prescriptions des articles 42, 43, 44 et 49 de la loi du 29 juillet 1881. Les articles 42 et 43 déterminent les personnes responsables, à titre d'auteurs principaux et de complices d'un *délit* et non d'une *contravention* de presse. L'article 44 édicte le principe de la *responsabilité civile* des propriétaires de journaux et publications périodiques. Quant à l'article 49, qui est spécial à la procédure, la loi du 12 décembre 1893 lui a fait subir des modifications en ce qui concerne la saisie préalable, la détention préventive et la confiscation. Ces modifications ne sont pas applicables à notre infraction, puisque l'article 5 vise l'article 49 de la loi du 29 juillet 1881, sans ajouter ces mots : « modifié par la loi du 12 décembre 1893 ».

c) Mais ce renvoi est limitatif, et ce texte même indique que l'infraction à l'article 5 de la loi de 1894 est un *délit de droit commun*, soumis, en principe, et sauf exception formelle, quant aux poursuites et à la répression, aux règles générales du Code d'instruction criminelle. Et il faut en conclure, sans difficulté, que le délit nouveau, étant puni de peines correctionnelles, rentre, conformément au droit commun, dans la compétence non de la cour d'assises mais du tribunal correctionnel [1].

85. Le dernier paragraphe de l'article 5 est ainsi conçu : « Sera poursuivie *dans les mêmes conditions* et passible *des mêmes peines*, toute publication ou divulgation, *dans les cas prévus au paragraphe 1er du présent article*, de documents ou actes de procédure spécifiés à l'article 38 de la loi du 29 juillet 1881 ».

L'article 38, auquel renvoie le texte, interdit de publier les *actes d'accusation et tous autres actes de procédure criminelle ou correctionnelle*, avant qu'ils aient été lus en audience publique, et ce, sous peine d'une amende de 50 à 1,000 francs.

L'application distributive de ces deux dispositions et leur combinaison sont difficiles à préciser. Il résulte, en effet, de l'article 5, que la publication des actes de procédure, *antérieurs au débat*, sera punie de la peine portée au premier paragraphe, c'est-à-dire d'un emprisonnement de six jours à un mois et d'une amende de 1,000 à 10,000 francs, quand le procès auquel s'applique ces actes de procédure présente un caractère anarchiste. Mais lorsque l'infraction est commise, il semble qu'on ignore encore si l'infraction a ou n'a pas ce caractère, qui sera déterminé par le procès, et il paraît, par suite, impossible de savoir, *avant les débats*, si l'on s'expose à l'application de l'article 38 de la loi sur la presse ou à celle de l'article 5 de la loi de 1894.

M. Charpentier a présenté l'objection sous forme de dilemme : « Ou bien vous maintenez l'article 38 de la loi du 29 juillet 1881 et alors vous allez, contrairement à tous les principes de notre droit, faire dépendre la condamnation d'un fait postérieur à la perpétration du délit, et faire rétroagir le jugement, ce qui est antijuridique au premier chef. Ou bien si vous abrogez l'article 38, il faut avoir le courage de l'avouer et il faut le mettre dans votre loi ». Le rapporteur s'est contenté de répondre que l'article 38 de la loi sur la presse n'était pas abrogé par la loi

[1] Quant à la prescription, je suis tenté de croire, quelque bizarre que soit cette solution, qu'elle est régie par le droit commun et non par l'article 65 de la loi sur la presse. Elle serait donc de trois ans et non de trois mois.

de 1894, mais il n'a pas indiqué quelle était la sphère distincte d'application des deux dispositions.

Voici, je crois, comment il faut résoudre la difficulté.

1° Le caractère du délit sera précisé par la *poursuite* elle-même s'il s'agit des faits prévus par l'article 1er et l'article 2, § 1, de la loi de 1894. Dans ce cas, la publication, avant l'audience, des actes de procédure sera punie d'un emprisonnement de six jours à un mois et d'une amende de 1,000 à 10,000 francs. Le but de propagande anarchiste est, en effet, pour l'un et l'autre de ces délits, un élément essentiel qui rentre dans leur constitution et qui a dû être relevé dans le premier acte de procédure. Mais pour tout autre crime ou délit, la publication anticipée des actes de procédure ne pourra prendre un caractère aggravant d'une circonstance que les débats seuls feront connaître. Ce sera donc l'article 38 de la loi sur la presse qui sera applicable.

2° Il faut remarquer également que l'article 5 assimile à la *publication* par la voie de la presse, la *divulgation*. Il résulte des explications fournies par M. Lasserre, dans son rapport à la Chambre, que ce mot *divulgation* a été inséré, à côté du mot publication, pour marquer que l'interdiction s'appliquait, en même temps qu'aux journaux, aux magistrats et aux fonctionnaires du greffe, et plus généralement à tous ceux qui, à raison de leurs fonctions ou de leur profession, peuvent, avant l'audience, avoir connaissance des dossiers criminels. Ainsi, indépendamment de la publication qui pourra en être faite par la voie des journaux, la seule divulgation des actes de procédure faite par un juge, un avocat auquel le dossier a été communiqué, un greffier, etc., constitue le délit de l'article 5. La loi sur la presse, au contraire, ne punit pas ce fait.

86. Le bénéfice des circonstances atténuantes peut être accordé pour les infractions prévues par la loi de 1894 (art. 6).

§ XIII. — LA RÉPRESSION DES MENÉES ANARCHISTES A L'ÉTRANGER[1].

87. La lutte législative contre le mouvement et la propagande anarchistes a été générale en Europe et, sans qu'ils aient eu besoin de s'entendre, presque tous les pays, menacés par ce fléau, ont pris des mesures de défense, qu'il est utile et intéressant de rapprocher.

88. *Italie.* — Le 19 juillet 1894, trois lois exceptionnelles[2] de sûreté publique ont été promulguées en Italie, dans le but de défendre l'ordre social contre les menées anarchistes. « L'anarchie comme conception théorique, disait au Sénat le rapporteur du projet de loi concernant les délits commis au moyen de matières explosibles, est la négation de toute autorité et de tout lien social ». L'accord sur le but défensif n'implique pas l'accord sur les moyens, spécialement quand ces moyens, exclusivement dirigés dans le sens de la répression, ne sont pas accompagnés de moyens préventifs, et quand il s'agit, pour le législateur, en frappant vite et en frappant fort, de produire un effet immédiat d'intimidation. Aussi, ces lois n'ont pas donné toute satisfaction aux criminalistes italiens, et encore, elles avaient été améliorées, au cours de la discussion, devant la Chambre des députés, par une majorité qui ne se pique cependant pas de scrupules libéraux. Même améliorées, elles sont odieuses. Qu'on en juge plutôt par leur analyse!

1. La première de ces lois est relative aux délits commis au moyen des explosifs. Comme en France, le gouvernement, en la présentant, déclarait insuffisantes les dispositions du Code

§ XIII. [1] Bibliographie : J. d'Anethan, *Notes sur les lois tendant à réprimer les menées anarchistes* (*Bull. soc. lég. comp.*, 1894, p. 509 à 524); Albéric Rollin, *La répression des attentats anarchistes* (*Rev. de droit intern. et de législ. comp.*, 1894, p. 125 à 152).

[2] Le rapporteur du Sénat affirmait que ces lois n'étaient pas *dérogatoires au droit commun*, mais plutôt *complémentaires du droit commun.* C'est toujours ainsi qu'on présente les lois d'exception.

pénal et prétendait qu'une loi nouvelle était nécessaire, aussi bien pour aggraver la mesure de la répression que pour punir, dans un but de prévention, la préparation même de l'attentat[3]. Nous en citons les principales dispositions. D'après l'article 1er : « Quiconque, en vue de commettre des délits contre les personnes ou les propriétés, de frapper le public de terreur, de susciter des tumultes ou des désordres[4], ou même dans la connaissance d'un tel but, fabrique, transporte, détient dans son domicile ou ailleurs, de la dynamite ou d'autres explosifs analogues dans leurs effets, des bombes, machines, ou autres compositions homicides ou incendiaires, ou bien des substances ou matières destinées à la composition ou fabrication de ces objets, est puni de la réclusion de trois à sept ans ». C'est la préparation lointaine de l'attentat qui est ainsi incriminée. L'exécution ou le commencement d'exécution fait l'objet des articles 2 à 4. La loi italienne contient de nombreuses distinctions, suivant la nature de l'édifice ou de l'objet qu'on veut détruire, suivant le lieu où l'explosion peut éclater, suivant les conséquences qu'elle peut avoir pour la vie ou la sûreté des personnes. L'association, pour commettre ces délits, fait l'objet de l'article 5; elle est considérée comme formée dès qu'elle est composée d'*au moins trois personnes*. L'article 6 est spécial à l'excitation publique : « Quiconque, en dehors des cas prévus par les articles 63 et 64 du Code pénal, excite *publiquement* à commettre l'un des délits prévus par cette loi, est puni de la réclusion de trois à cinq ans. Quiconque a fait publiquement l'apologie des mêmes délits est puni de la réclusion de six mois à deux ans ». L'article 6 place, sous la surveillance spéciale de la police de sûreté, tous ceux qui ont été condamnés en vertu des articles précédents. Seront soumis au domicile forcé (*domicilio coatto*) ceux qui auront reçu des avertissements ou qui seront spéciale-

[3] Pourtant, les pénalités du Code n'étaient rien moins que légères. Voy. articles 300, 303, 304, 305, 312, 327 du Code pénal italien.

[4] Cette condition impose au juge la nécessité de rechercher et de qualifier le mobile. La loi française dit : « sans autorisation et sans motifs légitimes ». La loi du Canada, du 1er mai 1885, punit les agents « suspects de ne pas vouloir se servir des matières incriminées dans un but licite ».

ment surveillés et qui auront aussi encouru une seule condamnation pour l'un des délits précités.

Les dispositions suivantes (les articles 8 à 10), défendent de fabriquer, vendre, transporter et détenir des bombes, machines explosibles, etc., sans une permission spéciale du ministre de l'intérieur ou du préfet de la province. Un règlement détermine les poudres et autres substances qui peuvent être ou non transportées sans autorisation[5].

II. La seconde des lois italiennes est relative à l'*instigation* et à l'*apologie* commises au moyen de la presse. Aux termes de l'article 1er : « Quand les délits mentionnés dans les articles 246 et 247 du Code pénal et 6 de la loi précédente sur les matières explosibles sont occasionnées au moyen de la presse ou de tous autres signes ou figures dont il est question dans l'article 1er de la loi du 26 mars 1848, on applique au coupable les peines établies par le Code pénal, avec majoration d'une moitié ». L'article 2 punit d'une détention de trois à trente mois et d'une amende de 30 à 3,000 francs, « quiconque, au moyen de la presse, ou de quelqu'autre signe figuratif, mentionné dans l'article 1er de la loi du 26 mars 1848, invite des militaires à désobéir à la loi, à violer le serment juré ou les devoirs de discipline, ou expose l'armée ou la marine à la haine ou au mépris des citoyens ». Ces délits, d'après l'article 3, sont de la compétence, les premiers des tribunaux correctionnels, les seconds, des cours d'assises.

III. La troisième des lois italiennes a soulevé les plus vives critiques. Son application arbitraire aux membres des cercles socialistes et des associations coopératives en a montré l'odieux

[5] On en trouvera l'analyse dans le *Bull. de la société de législ. comp.*, 1876, p. 515. Cette loi a reçu une application inattendue et qui a fait beaucoup de bruit de l'autre côté des Alpes. Un ex-officier, M. Follino, est l'inventeur d'un nouveau signal d'alarme destiné à annoncer les effractions; au moment où une porte est forcée, une explosion se produit. M. Follino a fait breveter son invention et s'est mis à l'œuvre; cependant, il a été cité devant le préteur de Viterbe qui l'a condamné à cinq mois de prison pour infraction à la loi sur les explosifs (5 oct. 1894). Il est vrai que le jugement a été réformé en appel. Mais des textes qui se prêtent à de telles interprétations sont évidemment dangereux.

et le danger. Il s'agit, en effet, de l'assignation aux individus « reconnus dangereux[6] » d'un *domicile forcé* par mesure administrative. La commission provinciale, qui prononce cette mesure grave et attentatoire à la liberté, est composée du président du tribunal qui la préside, du procureur du roi et d'un conseiller de préfecture. C'est donc l'établissement, en Italie, de *commissions mixtes*. Cette juridiction doit entendre l'inculpé en personne, prévenu préalablement par citation d'huissier. Si la personne citée ne comparaît pas et ne justifie pas son absence, la commission procède par contumace. Appel peut être formé de sa décision, dans tous les cas, devant la commission d'appel dans les conditions prévues par l'article 137 de la loi sur la sûreté publique. La commission provinciale peut proposer d'assigner un domicile forcé, pour un temps, ne dépassant pas trois ans, à ceux qui ont manifesté, de propos délibéré, l'intention de commettre des voies de fait contre l'ordre social[7]. Le ministre de l'intérieur statuera sous l'approbation conforme de la commission d'appel. Pour des raisons graves, concernant la sûreté publique, la commission peut ordonner, à la suite d'une délibération motivée, l'*arrestation préventive de la personne pour laquelle le domicile forcé est demandé*. Dans ce cas, la commission doit statuer dans les huit jours après l'arrestation.

Aux termes de l'article 5, « sont interdites les associations et réunions qui ont pour objet de renverser, par voies de fait, les organisations sociales (*ordinamenti sociali*). Les contrevenants seront punis d'un emprisonnement de six mois au plus, indépendamment de l'application des dispositions contenues dans l'article 3[8] ».

[6] Ces expressions « *quando sieno ritenuti pericolosi alla sicurezza pubblica* » laissent le champ libre à l'arbitraire administratif le plus effréné.

[7] L'éminent criminaliste Lucchini, député au Parlement italien, qui a proposé cet article, comme une sorte d'atténuation à l'arbitraire des dispositions générales de la loi, en a présenté la justification dans sa *Rivista penale*, t. 40, p. 190.

[8] M. Crispi, en vertu de ce texte, a cru pouvoir, après avoir fait opérer des milliers d'arrestations de ceux qu'on soupçonnait être anarchistes, dissoudre deux cents associations ou cercles, suspendre les journaux socialistes. M. Crispi, profitant de l'élasticité des textes, a simplement appliqué contre

La présente loi est entrée en vigueur le jour de sa promulgation et doit cesser d'avoir effet le 31 décembre 1895.

89. *Suisse*. — Au mois de décembre 1893, les Chambres fédérales suisses ont voté une loi, qui, soumise au referendum populaire et approuvée sans opposition sérieuse, est entrée en vigueur le 25 juillet 1894. Cette loi comporte huit articles, dont la disposition principale vise et punit l'*incitation* au crime et au délit. Elle n'a pas le caractère de loi d'exception, mais s'applique à toute personne commettant les délits qui y sont prévus. Nous en reproduisons le texte, dont on remarquera la rédaction très simple et très nette[9].

« Art. 1. Celui qui fait usage de matières explosibles dans une intention criminelle sera puni de dix ans de réclusion au moins.

Art. 2. Celui qui fabrique des matières explosibles ou donne des instructions pour leur fabrication, alors qu'il doit présumer qu'elles sont destinées à commettre des délits contre des personnes ou des propriétés, sera puni de cinq ans de réclusion au moins.

Art. 3. Celui qui reçoit, détient, transmet ou transporte des substances explosibles dans une autre intention que celle d'empêcher un délit, alors qu'il doit présumer qu'elles sont destinées à commettre des délits contre des personnes ou des propriétés,

les socialistes, les républicains, les monarchistes même, réunis le plus souvent en société de secours mutuels, des mesures de sûreté publique qui avaient été présentées et votées contre les anarchistes seuls. On avouera qu'à côté de ces lois et de ces mesures, les lois françaises, qui ne se prêteraient certainement pas à ces monstrueux abus de l'*acte administratif*, sont vraiment bien pâles, et que la liberté française *sub lege* n'a rien à voir avec la liberté italienne, ce dont nous nous félicitons.

[9] Ces dispositions sont incorporées au projet du Code pénal suisse, préparé par M. le professeur Stooss (art. 139 à 142). Les articles 1 à 3 de la loi contre les anarchistes sont devenus les articles 139 à 141 du projet : son article 4 rentre dans la disposition générale de l'article 93, § 2, du projet, qui traite de la provocation, des encouragements au délit et des instructions données pour le commettre. Le projet de Code pénal (art. 13, § 2) faisant rentrer les délits de presse dans le droit commun, les dispositions relatives à la participation (art. 14, § 1) leur deviennent applicables. Quant aux fauteurs, ils tombent sous le coup de l'article 170 du projet.

sera puni d'un emprisonnement de six mois au moins ou de la réclusion.

Art. 4. Celui qui, dans l'intention de répandre la terreur dans la population ou d'ébranler la sûreté publique, incite à commettre des délits contre les personnes ou les propriétés, ou donne des instructions en vue de leur perpétration, sera puni d'un emprisonnement de six mois au moins ou de la réclusion.

Art. 5. Si les actes mentionnés à l'article 4 sont commis par la voie de la presse ou par des moyens analogues, tous ceux qui ont coopéré au délit (auteurs, instigateurs, complices, fauteurs) sont punissables, et les articles 69 à 72 du Code pénal fédéral du 4 février 1853 ne leur sont pas applicables. Le fauteur peut n'être puni que de l'amende.

Art. 6. Les délits énumérés aux articles 1 à 4 sont punis conformément aux dispositions de la présente loi, s'ils ont été commis même à l'étranger contre la Confédération ou ses ressortissants ».

Ainsi, la propagande par voie d'incitation, à commettre un délit contre les personnes ou les propriétés, qu'elle soit publique ou secrète, commise par la voie de la presse ou autrement, lorsqu'elle a pour but de répandre la terreur dans la population ou d'ébranler la sûreté publique, constitue toujours une infraction. C'est dans ses grandes lignes, le système français, mais avec plus de précision et de clarté.

90. *Angleterre*. — L'Angleterre s'est trouvée aux prises avec un mouvement, politique dans son origine, mais qui a pris, à une certaine époque, le caractère d'un véritable soulèvement social et économique : c'est, en effet, aux cris de *no rent* que les fermiers irlandais ont été ameutés contre les landlords. On sait que ce mouvement a été l'occasion d'un grand nombre de *crimes sociaux*. Pour le combattre, l'Angleterre a cru pouvoir recourir à des mesures d'une extrême rigueur, à côté desquelles les mesures françaises, votées à l'occasion des menées anarchistes, paraîtraient d'une bien grande douceur[10].

Cette législation, à raison de sa spécialité, ne rentre pas dans

[10] Voy. *Ann. de législ. étrang.*, 1888, p. 33.

le cadre de cette étude. Mais l'Angleterre n'a pas hésité à voter, contre la propagande anarchiste par le crime, la loi du 10 avril 1883, modifiant la législation sur les matières explosibles [11].

Cette loi déclare coupable de *felony* et passible de la servitude pénale à vie ou d'une peine moindre, toute personne qui, « contrairement aux lois et dans l'intention de nuire, aura, au moyen d'une matière explosible quelconque, déterminé une explosion de nature à compromettre la vie des citoyens ou à endommager les propriétés, que ce résultat ait été atteint ou non ». Elle frappe, en outre, de peines sévères l'auteur d'une *tentative* d'explosion, celui qui fabrique ou détient des matières explosibles dans l'intention d'attenter à la vie des citoyens ou d'endommager les propriétés, ou même celui qui fabrique ou détient des matières explosibles dans des conditions suspectes. Le complice est puni de la même peine que l'auteur proprement dit.

91. *Espagne.* — L'Espagne est, avec la France et l'Italie, le pays qui a le plus souffert de la propagande anarchiste. Une loi spéciale sur la répression des crimes commis au moyen des explosifs a été promulguée le 11 juillet 1894. Sont punies de peines graduées les auteurs d'explosions consommées ou tentées, ceux qui fabriquent, vendent ou détiennent des matières ou des appareils explosifs, ceux qui conspirent pour réaliser l'un de ces délits, ceux qui profèrent des menaces du même ordre, ceux qui prêchent des idées qui peuvent porter à commettre ces mêmes délits et ceux qui font l'apologie soit des crimes, soit des criminels.

Deux questions ont été particulièrement discutées par les Cortès : la proportion suivant laquelle les circonstances qualificatives du crime devraient influer sur la peine, et le tribunal auquel serait confiée la répression des infractions anarchistes. Une solution moyenne a été adoptée sur ce dernier point : les délits de propagande sont déférés au jury; l'apologie du crime ou des criminels, au tribunal correctionnel.

[11] Voy. pour les circonstances qui ont amené cette loi et la rapidité avec laquelle elle a été votée, un article de M. Cheuvreux, *Ann. de législ. étrang.*, 1884, p. 39.

L'Espagne a, depuis longtemps, pensé que le danger anarchiste naissait surtout de la liberté d'association. Et la loi du 30 juin 1887 a notablement limité cette liberté, « en présence de nouveaux abus, d'excitations à la rébellion, de prédications subversives, de menaces criminelles mettant en péril la sécurité de l'Etat ». La loi du 11 juillet 1894 a considéré comme illégales toutes les associations formées dans le but de faciliter l'œuvre des dynamiteurs.

92. *Allemagne.* — On sait que l'Allemagne a essayé, par une loi du 21 octobre 1878, d'entraver la propagande socialiste. Cette loi, dont la durée était temporaire, a successivement été prorogée jusqu'au 30 septembre 1890[12]. Depuis, le gouvernement n'a eu à sa disposition que la législation commune, qui punit la provocation comme un délit *sui generis* et n'exige pas qu'elle soit directe. On a cru devoir également, le 9 juin 1884, édicter une loi spéciale sur l'abus des matières explosibles, loi qui est encore en vigueur. Elle punit non seulement les actes d'exécution, les attentats, mais les complots formés en vue d'actes de ce genre, et même les actes préparatoires. Elle réprime non seulement les provocations publiques à des actes de ce genre, mais leur apologie. Elle s'occupe enfin de la possession, de l'introduction et du transport des matières explosibles sans esprit de nuire. Il faut remarquer que, par une disposition exceptionnelle, la loi de 1884 autorise la poursuite en Allemagne, non seulement des Allemands, mais même des étrangers qui ont commis, en pays étranger, des infractions à ses dispositions. D'une part, on a considéré qu'il s'agit de délits internationaux, dont la répression intéresse tous les pays, en quelque lieu qu'ils aient été commis. D'autre part, on veut éviter, par cette disposition, les difficultés qui consistent à déterminer, dans certains cas, le *locum delicti commissi*, lorsqu'il s'agit d'infractions de ce genre[13].

[12] Elle a été l'objet d'une étude intéressante dans le *Bull. de la Soc. de législ. comp.*, t. VIII, p. 216.

[13] Où est le lieu du délit quand on adresse d'Orléans (?) à Berlin, pour être remis au comte de Caprivi, un colis consistant en une bombe de dynamite qui doit faire explosion au moment où le destinataire en vérifie le contenu?

Cependant, le gouvernement allemand ne s'est pas senti suffisamment armé par ces dispositions. Il a présenté, au Reichstag, au mois de décembre 1894, un projet de loi contre les menées subversives. Il ne s'agit, dans le texte que nous avons sous les yeux, que de modifications à apporter au Code pénal, au Code militaire et à la loi sur la presse [14] : par conséquent, ce n'est pas une loi d'exception qui est demandée contre les socialistes ou les anarchistes. Néanmoins, les mesures que le gou-

[14] Voici le texte dans ses parties essentielles :

Les articles 111, 112, 126, 130 et 131 du Code pénal, sont remplacés par les dispositions suivantes :

Art. 111. Ceux qui, de la manière prévue à l'article 110, auront excité à commettre une action punie par la loi, seront passibles des mêmes peines que les auteurs du délit, quand cette excitation aura eu pour résultat la perpétration du délit ou une tentative coupable en vue de le perpétrer. Si l'excitation est restée sans résultat, les coupables seront punis d'une amende pouvant s'élever jusqu'à 600 marks ou d'une peine d'emprisonnement pouvant s'élever jusqu'à un an. S'il s'agit d'une excitation à commettre un crime, la peine d'emprisonnement pourra s'élever à trois ans.

La peine ne pourra cependant être supérieure à celle qui frappe la perpétration même de l'action.

Art. 111 *a*). Ceux qui auront, de la manière indiquée à l'article 110, fait l'apologie d'un crime ou d'un des délits prévus dans les articles 113 à 115, 124, 125, etc., ou qui auront représenté ces crimes ou délits comme étant permis, seront passibles des peines prévues à l'article 111 pour le cas de l'excitation à commettre une action punie par la loi.

Art. 112. — Cet article, qui prévoit une peine de deux ans contre ceux qui auront excité des soldats à désobéir à leurs chefs, ou des militaires en congé à ne pas rejoindre leur corps, est complété de la manière suivante :

Cette peine frappera également ceux qui auront excité un soldat du Landsturm (armée territoriale) à ne pas répondre à l'appel sous les drapeaux. Une peine d'emprisonnement de un mois à trois ans frappera ceux qui auront excité un soldat de l'armée active ou de la marine active à prendre part à des menées ayant pour but de renverser par la violence l'ordre de choses établi.

Quand le coupable aura agi en vue de favoriser un crime déterminé ayant pour but de renverser par la violence l'ordre de choses établi, il sera puni d'une peine de prison avec travail forcé (*Zuchthaus*) pouvant s'élever jusqu'à cinq ans, et pourra, en outre, être soumis à la surveillance de la police.

Art. 126. — Cet article, qui prévoit une peine de deux ans d'emprisonnement pour ceux qui auront troublé la paix publique par la menace de la perpétration d'un crime, est ainsi complété :

Quand le coupable aura agi dans l'intention de coopérer au renversement par la violence de l'ordre de choses établi ou de favoriser des projets tendant à ce

vernement propose ne le cèdent en rien aux plus sévères qui aient été prises soit en France, soit en Suisse, soit en Espagne.

« Bien que, jusqu'à présent, lit-on dans l'exposé des motifs, l'anarchisme ait surtout choisi comme champ d'action les pays étrangers, il est impossible de ne pas redouter qu'il ne gagne du terrain en Allemagne. Il s'est déjà formé, dans quelques grandes villes allemandes, des associations à tendances anarchistes. En outre, dans ces derniers temps, un nombre considérable de personnes sont venues se réfugier en Allemagne, qui avaient été expulsées de pays étrangers, en particulier de

but, il sera passible d'une peine de prison avec travail forcé (*Zuchthaus*) pouvant s'élever à cinq ans, et pourra, en outre, être soumis à la surveillance de la police.

L'article 129 *a*, ajouté au Code pénal, est ainsi conçu :

Quand plusieurs personnes, dans l'intention de travailler au renversement par la violence de l'ordre de choses établi, se seront concertées en vue de la perpétration d'un crime, ou se seront unis en vue de la perpétration d'une série de crimes, encore qu'ils ne seraient pas déterminés dans leurs détails, elles seront punies de la prison avec travail forcé, alors même que leur intention de commettre le crime n'aurait pas été confirmée par des actes impliquant un commencement d'exécution.

L'article 130, prononçant une amende de 600 marks ou deux ans de prison contre ceux qui auront excité les unes contre les autres les classes de la société, est ainsi complété :

Cette peine atteindra également ceux qui auront, d'une manière pouvant troubler la paix publique, attaqué publiquement, en proférant des injures, la religion, la monarchie, le mariage, la famille ou la propriété.

L'article 131, qui prévoit 600 marks d'amende ou deux ans de prison contre ceux qui auront allégué des faits qu'ils savaient être faux et pouvant jeter le discrédit sur les institutions de l'État, est complété de la manière suivante : qu'ils savaient être faux, *ou que, d'après les circonstances, ils devaient considérer comme faux.*

La suite du projet du gouvernement prévoit que, dans le cas où une personne appartenant à l'armée, mais n'étant pas en activité de service, aura été punie d'une peine d'emprisonnement de plus de six semaines pour un des crimes mentionnés plus haut, les tribunaux militaires pourront être appelés à se prononcer sur la question de savoir si ladite personne doit être exclue de l'armée ou dégradée.

Au point de vue de la loi sur la presse, le projet de loi prévoit certaines dispositions rendant plus facile pour l'autorité la saisie d'écrits incriminés.

France et de Suisse, à cause de leurs agissements anarchistes ».

Le projet s'occupe d'abord de l'excitation au crime. Il distingue l'excitation suivie d'effet et l'excitation qui n'a pas eu de résultat. La simple apologie du crime est assimilée à l'excitation. Mais l'excitation et l'apologie ne doivent pas être seules punissables : il est certain que ceux qui troublent la paix publique par la menace de la perpétration d'un crime sont coupables aussi, et le Code pénal allemand les punissait déjà de deux ans d'emprisonnement. On a cru devoir renforcer cette peine dans le projet, et l'étendre : « Quand le coupable aura agi dans l'intention de coopérer au renversement, par la violence, de l'ordre de choses établi, ou de favoriser des projets tendant à ce but... ».

Et le nouvel article 130 va plus loin encore : il frappe d'une amende de 600 marks ou de deux ans de prison, « ceux qui auront, *d'une manière pouvant troubler la paix publique*, attaqué publiquement, en proférant des injures, la *religion*, la *monarchie*, le *mariage*, la *famille* et la *propriété* ». La même peine sera applicable à « ceux qui auront allégué des faits pouvant jeter le désordre sur les institutions de l'État, qu'ils savaient être faux ou que, *d'après les circonstances*, ils devaient considérer comme tels ».

Enfin, il s'agit d'atteindre les associations d'anarchistes. Le projet y pourvoit, avec une précision qu'on ne rencontre pas dans la loi française.

Qu'on ajoute à cela les peines édictées contre ceux qui auront excité les soldats à désobéir à leurs chefs, et l'on aura une idée à peu près complète du projet présenté au Reichstag. D'après la discussion préparatoire qui a eu lieu, et qui a abouti à son renvoi à l'examen d'une commission parlementaire, on ne peut guère faire de pronostics sur le sort définitif du projet.

Mais il ne semble pas avoir rencontré l'opposition formidable que l'on prévoyait et qu'il aurait certainement subie, s'il avait été présenté comme une loi d'exception. Tel qu'il est, s'il paraît plus sévère et souvent plus extensif que les lois françaises, il l'est moins que les lois italiennes : il constituera donc, entre les mains du gouvernement, une arme formidable pour arrêter non seulement la propagande anarchiste, mais aussi la propagande socialiste.

93. *Autriche.* — L'Autriche n'est pas restée étrangère à ce mouvement de défense sociale. La loi du 27 mai 1885, contient certaines prescriptions relatives à la détention et à l'emploi non justifié et imprudent des matières explosibles, ainsi que certaines dispositions sévères sur les attentats commis au moyen de ces substances. Si l'attentat a causé une mort d'homme, et si ce résultat *a pu être prévu* (il n'est donc pas nécessaire qu'il ait été directement voulu), le coupable est puni de la peine capitale. Le § 5 contient une disposition analogue à notre article 265 : « Quand plusieurs personnes ont projeté l'exécution d'un des actes punissables ci-dessus visés, ou se sont unies (*verbanden*, à la lettre *liées*) pour l'accomplissement continu d'infractions de ce genre, quand même elles n'auraient pas encore en vue une infraction déterminée *in specie*, elles sont coupables de crime, même si elles n'ont fait encore aucun acte conduisant à l'exécution du crime ». La loi autrichienne punit également le fait de provoquer à l'accomplissement d'actes criminels de ce genre, soit devant plusieurs personnes, soit dans des imprimés, soit dans des écrits ou dans des images publics. Et le fait de *louer* ou de *justifier* les mêmes actes est assimilé à la provocation. Cette loi considère même comme une infraction la non-révélation intentionnelle d'un projet criminel de cette nature, lorsqu'on en a connaissance par des rapports dignes de foi, et qu'il est même temps de parer au danger.

Il est à remarquer qu'une loi autrichienne du 24 mai 1873 permet au gouvernement de suspendre, par ordonnance, le fonctionnement du jury dans un pays déterminé. Après avoir usé de cette faculté dans certaines circonstances, le gouvernement ne se crut pas suffisamment armé et obtint du Reichsrath, le 20 juin 1886, une loi étendant à toute l'Autriche la suspension du jury pour les crimes anarchistes. Cette loi n'avait été votée que pour deux ans, et le gouvernement a renoncé à la faire proroger, préférant se réserver les droits qu'il tenait de la loi de 1873.

§ XIV. — CONCLUSION.

94. Double question. — **95**. Effet comminatoire des lois contre les anarchistes. — **96**. Avenir de l'anarchisme.

94. Quel est l'avenir de l'anarchie? et quel sera, sur cet avenir, l'effet des mesures de défense sociale que l'on vient de prendre? Il est plus facile de répondre à la seconde question qu'à la première.

95. Bien que quelques mois à peine nous séparent de l'énergique manifestation de l'Europe, voulant rejeter hors de la civilisation les barbares qui se proposent de la détruire, il semble bien qu'il y ait une certaine détente dans la situation. Et, cependant, l'effet a été plutôt comminatoire, car de répression proprement dite, il n'y en a pas eu, du moins en France, parce que la répression n'a pas été nécessaire. Félicitons-nous de ce résultat, et constatons, une fois de plus, l'effet préventif des lois pénales et l'efficacité, sur la masse des criminels, de la *menace* qui y est contenue. Si les anarchistes ont paru faire relâche, si « le courage du geste leur a manqué », si, pour eux, comme pour bien d'autres, la crainte a été le commencement de la sagesse, c'est que la société a montré qu'elle était prête à se défendre. Ce mouvement a suffi pour faire reculer les nouveaux terroristes.

96. Est-ce une simple accalmie? N'assistons-nous pas, au contraire, à la fin du mouvement anarchiste? Les optimistes considèrent l'anarchie comme une maladie transitoire, dans le genre du nihilisme. L'autocratie russe a eu raison de celui-ci; nous aurons raison de l'anarchie. Les pessimistes, qui assistent anxieux au mouvement anarchiste, le voient volontiers finir, comme finissent les cyclones, par une catastrophe. Ce qui est, dans tous les cas, bien certain, c'est que le rêve anarchiste de l'abolition de toute autorité ne se réalisera pas. L'autorité est une force et, comme toute force, si elle se transforme et passe en d'autres mains, elle ne se perd pas. Les anarchistes qui veulent la détruire nous paraissent donc moins redoutables, pour la liberté et la civilisation, que les socialistes qui veulent s'en emparer. Du reste, en France comme ailleurs, l'anarchie est la conséquence logique du socialisme, de ce socialisme sans illusion, sans idéal, qui réduit la réforme sociale à l'installation violente d'un machinisme grossier. Les esprits simples auxquels s'adresse la propagande socialiste ne peuvent comprendre que la partie négative des doctrines; ils s'arrêtent aux démolitions. On leur dit qu'il n'y a pas de Dieu, pas d'obligation, que toute autorité est usurpée, que toute richesse est le produit du vol, que le monde se divise en exploiteurs et en exploités : quelles conclusions, autres que l'anarchie, voulez-vous qu'ils tirent de ces prémisses? Les anarchistes sont donc les fils légitimes, bien que désavoués, du socialisme.

FIN.

TABLE DES MATIÈRES.

FIN DE LA TABLE DES MATIÈRES.

BAR-LE-DUC, IMPRIMERIE CONTANT-LAGUERRE.

www.ingramcontent.com/pod-product-compliance
Ingram Content Group UK Ltd.
Pitfield, Milton Keynes, MK11 3LW, UK
UKHW021105220726
13924UKWH00004B/1521